GUIDES

RÉUSSIR SON ENTRETIEN D'EMBAUCHE

Daniel ESCAFFRE
Jean FORGEOT

Collection Guides J
Studyrama

ORIENTATION

Série Bac

Supérieur

SOMMAIRE

PARTIE III

PARTIE IV

INTRODUCTION

Obtenir un entretien d'embauche, c'est déjà un pas décisif. Votre CV et votre lettre de motivation ont bien joué leur rôle. Vous avez su « faire la différence » parmi d'autres candidats, moins armés ou moins convaincants que vous. Le recruteur a été suffisamment « accroché » pour souhaiter vous rencontrer. Bravo ! Aujourd'hui, les entretiens ne s'accordent pas si facilement.
Une nouvelle étape commence, déterminante. Il va falloir démontrer, face au recruteur, votre potentiel réel et conforter l'impression donnée par votre dossier de candidature.
Vous aurez affaire, le plus souvent, à des professionnels de l'entretien. Leurs méthodes d'investigations sont précises, rôdées, efficaces. Vous pourrez aussi vous trouver face à un interlocuteur qui n'est pas un spécialiste du recrutement (petit patron de PME...). Vous pouvez supposer que vous aurez la partie plus facile. C'est partiellement vrai si vous avez la chance de le « séduire » dès le premier entretien. Cela arrive ! En revanche, les non spécialistes vont avoir un regard plus sélectif, voire plus étroit, plus centré sur leur vision personnelle et sur la technique de leur métier. A vous de les convaincre de vos atouts et de vos qualités, de donner un autre éclairage à votre parcours et à votre expérience pour élargir leur vision du poste parfois trop rigide.

L'entretien d'embauche est un moment privilégié de votre recherche d'emploi. Il est indispensable au recruteur pour s'assurer que vous êtes bien le candidat adéquat pour le poste. Mais c'est également un moment nécessaire pour le candidat afin de bien vérifier que le poste proposé lui convient, qu'il correspond à ses compétences et à ses souhaits professionels... et qu'il s'y épanouira.
Dites-vous bien qu'un entretien, cela se prépare, comme toute épreuve (concours ou autre). Pas question de vous en remettre à la chance, au hasard ou à quelque étoile bienveillante... Certains croient peut-être qu'ils ont suffisamment d'entregent pour gérer ce genre de situation à leur profit. Ils sont persuadés que leur seul savoir est assez convaincant pour enlever la décision ou que leur conviction personnelle suffira à soulever des montagnes.

C'est vrai, en partie seulement. Car les décisions ne se prennent pas toujours d'une manière aussi rationnelle et prédéterminée qu'on pourrait le supposer. Mais tous les professionnels le savent :

c'est très largement insuffisant pour « décrocher » le poste que vous ambitionnez.
L'entretien de recrutement répond à des règles et à des exigences bien précises. Mieux vaut les connaître et les maîtriser pour mettre toutes les chances de son côté. De même, les questions posées se ressemblent plus ou moins d'un entretien à l'autre et d'une entreprise à l'autre. Elles ont toutes pour objectif de cerner votre profil, votre personnalité, de tester vos capacités à vous adapter au poste et à l'entreprise. Il est donc possible de s'y préparer.
• « Quelles sont vos qualités et vos défauts ? »,
• « Quels sont vos points forts et vos points faibles ? »,
• « Parlez-nous de vous »,
Ce sont les questions incontournables auxquelles vous devez penser.

C'est donc à une épreuve quasiment sportive qu'il vous faut vous préparer. Il faut comprendre quel est le type d'adversaire que vous allez rencontrer, ses atouts, ses faiblesses éventuelles. Mais aussi, avoir en tête un projet clair, une vision précise de vos forces et de vos handicaps. Et encore, définir une stratégie pour l'entretien... Autant de choses qui ne s'improvisent pas.

Rappellez-vous que le « meilleur » candidat, celui qui sera engagé, ne sera pas obligatoirement le plus diplômé ou celui qui parlera le mieux l'anglais ou l'allemand... Mais celui qui sera le plus convaincant, offrant une synthèse la plus complète possible des exigences du recruteur. Votre rôle se résume en un mot : le RASSURER, en le persuadant que vous êtes le candidat qui réunit le plus de ses critères.
Dans ce nouveau type de combat singulier qu'est l'entretien d'embauche, vos chances seront d'autant plus grandes que vous arriverez, vous aussi, bien armé et entraîné.

Ce guide a pour vocation de vous apporter la part de connaissances nécessaires sur les pratiques de l'entreprise en matière de recrutement, ainsi qu'une méthodologie et des techniques efficaces pour y répondre.
Un dernier mot avant d'aller plus loin : vous tirerez d'autant plus profit de ce livre que vous le considérerez comme un outil de travail. Il n'y a que dans le dictionnaire que le mot « réussite » vient avant le mot « travail ». C'est en travaillant les points que vous aurez identifiés comme sensibles pour vous que vous optimiserez vos chances. Un petit investissement qui peut rapporter gros !

1. Les dix clés du succès

Combattre et communiquer

Participer à un entretien d'embauche c'est combattre pour démontrer que vos intérêts et ceux de l'entreprise sont convergents. C'est aussi un formidable espace de communication où tout va avoir une incidence, depuis votre entrée dans le bureau (et quelquefois avant) jusqu'à votre manière de prendre congé.
Quand vous serez sur le ring, c'est-à-dire dans le bureau de votre interviewer, dites-vous que le moindre de vos gestes, de vos propos sera analysé de près. Et pourtant, vous n'aurez pas le temps de penser à ce que vous devez faire : vous serez dans l'action, il faudra être disponible à 100 % pour cela.
Il est donc important d'avoir, au préalable, envisagé différents scénarii, défini une attitude adaptée, anticipé les questions qui vous seront posées... et surtout leurs réponses !
Dans un entretien, il y a le fond et la forme. Le fond c'est l'indispensable rapprochement entre les attentes de l'entreprise et le profil de votre candidature.
La forme, c'est la manière dont les choses vont apparaître au recruteur. Votre interlocuteur ne vous facilitera pas obligatoirement les choses. Votre façon de réagir, les mots que vous emploierez, vos silences même, seront des moyens pour influencer et convaincre.
C'est un combat à fleuret non moucheté. Celui qui touche le plus près d'un point sensible remporte le duel.

Aborder l'entretien comme une épreuve sportive

Tout y est : un parcours conçu pour être sélectif, des concurrents souvent nombreux et la recherche de performance.
L'originalité c'est qu'il ne suffit pas d'être bon au cours de l'épreuve. Il faut aussi être reconnu comme le mieux adapté à la mission que l'on souhaite vous confier.
Gagner dans ces conditions ne peut pas être le fruit du hasard. Il faut du muscle et du souffle... mais aussi de la réflexion.
Ceci nécessite d'évaluer le type de difficultés à franchir pendant l'entretien. Qu'attend l'entreprise ? Comment y répondez-vous concrètement ? Quels sont les points sur lesquels vous vous attendez à ce que la lutte soit chaude ? Vous n'oublierez pas non plus de réfléchir aux solides atouts dont vous disposez qui correspondent

aux caractéristiques de l'offre. Quand et comment les utiliserez-vous le plus efficacement ? Voilà pour la réflexion.
Pour le muscle, entraînez-vous aux techniques d'entretien et de communication. Il serait bien aventureux de laisser uniquement à votre interlocuteur le soin de pratiquer en professionnel.
Quant au souffle, c'est, d'une part, la conviction et la cohérence que vous allez mettre dans vos attitudes et dans vos propos. C'est, aussi, la détermination et la persévérance dont vous allez faire preuve jusqu'au jour de la signature de votre engagement. En un mot, il s'agit d'exprimer une solide motivation. C'est souvent ce qui fera la différence... comme sur les stades.

Evaluer les forces en présence

Savoir comment se présente l'adversaire et son système de défense est la première condition pour l'aborder avec quelques chances de succès.
Avant de savoir comment faire, encore faut-il que vous sachiez de quels moyens personnels vous disposez, concrètement, pour arriver à vos fins. Vous ne pouvez donc pas faire l'économie d'un bilan personnel qui va vous permettre de dresser l'inventaire de vos atouts et de vos faiblesses, voire de vos handicaps.
C'est à partir de là, et à partir de là seulement, que vous pourrez décider d'une approche et de la façon la plus efficace d'utiliser votre arsenal personnel.

Définir son objectif

Savoir ce que l'on veut est une donnée essentielle dans la recherche d'emploi. Vous devez donner à l'entreprise le sentiment que vous êtes le candidat le mieux adapté à la situation, pour l'immédiat et pour le moyen terme.
On n'engage pas un collaborateur uniquement pour les prochains mois. Il faut donc que l'entreprise acquière la conviction que non seulement vous avez aujourd'hui les connaissances et le comportement qui l'intéressent, mais aussi que vous pourrez évoluer à son rythme. L'une des clés du succès de l'entretien repose sur cette confiance.
Donner une image cohérente qui conduit à cette conclusion ne peut pas s'improviser au cours d'un entretien. C'est le résultat d'une construction. Il est donc nécessaire de faire auparavant un inventaire et une évaluation de vos connaissances et de vos compétences actuelles ; de préciser et d'apprécier vos motivations et vos qualités personnelles.

Dynamiser son capital personnel

Vouloir improviser ou laisser à votre recruteur le soin de vous ménager des circonstances favorables serait un pari risqué. En technique de recherche d'emploi, la préparation joue un rôle de premier plan.
Une démarche réussie passe par un certain nombre d'étapes à recenser et pour lesquelles il faut se préparer spécifiquement.
Un plan de travail sera nécessaire pour réduire les écarts que vous aurez identifiés entre votre profil et ce que l'on vous demande.

Préparer chaque entretien

Chaque entretien est unique et nécessite une préparation spécifique. Malgré l'évidence de cette remarque, moins de 10 % des candidats préparent sérieusement leurs entretiens. Comment s'étonner, dans ces conditions, qu'il n'y ait guère que deux ou trois candidats sur dix qui franchissent le cap du premier entretien ? On peut répondre qu'il n'est pas facile d'anticiper sur la méthode du recruteur, sur les questions qui seront posées, que l'on peut être dans un mauvais jour, etc. C'est en partie vrai. Mais c'est le propre de la préparation que de recenser les hypothèses de situations et de difficultés, pour envisager à l'avance, et dans la tranquillité, les réponses les mieux adaptées.

Prendre l'initiative

Certains pensent que, lorsque l'on est « convoqué » à un entretien, la règle est de laisser l'initiative au recruteur. En somme, en entretien d'embauche, il suffirait de répondre à des questions, aussi bien que possible... Rien de plus faux !
Encore faut-il agir à bon escient. En particulier, vous devez adapter votre attitude au type de poste auquel vous postulez.
Cela dit, vous ne devez jamais vous situer en tant que demandeur, mais comme quelqu'un qui apporte des compétences. L'entretien est un échange fondé sur des rapports équilibrés. Vous échangez votre savoir, vos compétences, votre énergie, votre temps, votre détermination à servir les objectifs de l'entreprise, contre une responsabilité, un salaire et un statut. L'entreprise sait cela et elle apprécie que vous vous comportiez en conséquence. Elle a besoin de gens autonomes, de personnes qui prennent leurs responsabilités, quel que soit le profil du poste. N'abordez jamais un entretien dans une attitude de soumission. Vous avez des choses à apporter

à l'entreprise. Vous ne venez surtout pas mendier ou quémander un emploi !

CE QU'IL NE FAUT PAS FAIRE

Sachez que votre attitude peut aussi déterminer celle du recruteur. Un manque d'enthousiasme, une forme d'apathie ou même d'agressivité de votre part peut influencer le comportement de votre interlocuteur.

Pour preuve, voici l'exemple fourni par un consultant qui recherchait un chef d'atelier pour une entreprise de mécanique.

Homme ouvert, préférant mettre ses candidats à l'aise, ce recruteur a toujours pensé qu'un candidat en confiance a plus de chances d'apparaître dans sa véritable dimension.

Il accueille Jean-Claude. A 27 ans, marié et père d'un enfant, il cherche un emploi depuis quatre mois.
Il serre furtivement la main du consultant. Il semble nerveux, impatient, il a le visage fermé.

Toute son attitude dit « *Que va-t-il encore me demander ? Ce sont toujours les mêmes questions... Encore un entretien qui ne donnera rien... Allez, dépêchez-vous, qu'on en finisse !...* »
Pourtant, Jean-Claude a un bon CV et le consultant a un *a priori* favorable sur sa candidature.

Le consultant cherche à créer un climat détendu, questionne aimablement son candidat sur les difficultés de circulation... Il est 8 heures du matin, il propose un café... Il explique comment l'entretien va se dérouler, lui demande s'il a des questions à poser ou des suggestions à faire à cet égard...
Pour toute réponse, il obtient des « oui, merci » ou des « non, pas du tout... » Sur tous les propos, Jean-Claude réagit en quelques mots, sur un ton sans aucune aménité, avec des regards qui en disent longs...

Le consultant comprend que son candidat est bloqué et qu'il n'obtiendra rien de valable de lui dans ces conditions.
Nouvelle tentative, assez exceptionnelle : « *Vous semblez très tendu, pensez-vous être en mesure d'aborder cet entretien dans de bonnes conditions ?* »... Réponse : « *Je ne suis pas spécialement tendu, allez-y...* »
« *Bien...* »

Série de questions en cascade :
« *Quelle perception avez-vous du poste ?*
Qu'y trouvez-vous d'intéressant ?
Que pensez-vous nous apporter de significatif ?
Quelle est votre conception de l'animation d'une équipe ?
Parlez-moi de vous... »

Réponses courtes, sans développement, au style convenu. Le ton reste peu aimable, aucun sourire...
Sur une réponse qu'il juge approximative, le consultant cherche à en savoir plus : « *voulez-vous développer ce point* »... Jean-Claude répond par un « *que voulez-vous que je vous dise de plus ?...* »

Le consultant durcit progressivement son attitude.
Il va serrer son entretien avec des questions de plus en plus précises. Les mots qui sont prononcés par son candidat, les idées qu'il émet vont maintenant se colorer d'une appréciation de plus en plus critique.

L'attitude du candidat a fait passer celle du consultant de l'écoute positive à une quasi fermeture.

Devinez vous-même la suite de l'entretien...

Définir une stratégie d'entretien

Vous devez imaginer la meilleure façon pour vous de vous faire reconnaître comme un candidat intéressant pour le poste.
Le point de repère, ce sont les attentes de l'entreprise, celles qui sont exprimées et celles qui ne le sont pas. Elles déterminent les qualités et les aptitudes recherchées chez les candidats. Il faut donc, dès que possible, vous calquer sur les attentes de votre interlocuteur. Vous ne pourrez véritablement le faire qu'en ayant une vision suffisamment complète et fiable de ce qu'il recherche.
Votre stratégie devra s'appuyer sur l'échange d'informations pour compléter celles qui vous manquent. D'une part, vous créez vous-même les conditions pour valoriser vos atouts personnels. D'autre part, vous donnez à l'entreprise la possibilité de vous apprécier dans votre vraie dimension.
L'entretien n'est pas une relation à sens unique. Vous devez exister et le montrer.

Ne laisser aucun point à l'adversaire

Pour chaque entretien, partez avec la conviction de réussir. Aucun d'eux ne doit être traité à la légère. Vous devez vous battre chaque fois comme si c'était le seul.
Décrocher un entretien n'est pas si simple ! Alors, pouvez-vous admettre de ne pas tout faire pour le réussir ?
La théorie consistant à « brûler » quelques entretiens, au départ, sous prétexte de comprendre comment se passent les choses,

consacre l'auto-permission d'échouer. Cette attitude d'antijeu est néfaste. Le recruteur sait très bien reconnaître le candidat qui vient en « visiteur » et l'entretien sera faussé.
Choisissez votre camp !

L'ENTRETIEN N'EST PAS UNE CONVERSATION, CE N'EST PAS NON PLUS UNE DISCUSSION...

Lors d'une conversation, on devise, on échange des idées, des opinions et des points de vue. La présence des interlocuteurs n'est pas liée à un objectif.
La discussion est un échange de propos contradictoires, une opposition de points de vue. On porte des attaques et on y répond. Les deux interlocuteurs sont fortement impliqués affectivement.
L'entretien a un objectif qui est de traiter une situation. C'est donc un objet neutre au plan affectif. C'est en tous cas comme cela qu'il doit être vécu, même lorsque la situation comporte des enjeux pour l'un ou pour les deux interlocuteurs. On recherche une solution, pas des individus en tant que tels : même quand on parle de leur personnalité. Il n'y a pas critique de l'homme, il y a analyse critique de la situation.
Ce qui se passe chez l'un des interlocuteurs va agir sur l'autre et réciproquement. Le candidat doit tenir compte de cette réalité et veiller à conserver le contrôle de ses attitudes, de ses façons d'être, de ses réponses...
Un constat d'évidence : l'entretien est un échange verbal. Certes, mais au-delà du langage des mots, il y a le langage du corps, celui des émotions, des intentions. Autant de sources d'influence sur la communication en cours d'entretien qui peuvent dévier le sens des mots ou modifier la réception d'un message.

S'entraîner pour gagner

L'entretien fait souvent peur. Pour beaucoup, la situation est ressentie comme déroutante et inconfortable.
On ne sait pas comment s'y prendre, on développe des fantasmes. A elle seule, cette raison est à l'origine de beaucoup d'échecs, de déceptions et, progressivement, de découragement.
Ayez confiance en vous. Et pour cela, entraînez-vous aux techniques indispensables qui vous permettront d'exploiter efficacement vos atouts.

2. Mise au point

On dit beaucoup de choses sur l'entretien d'embauche...
Si vous voulez réussir, il faut avant tout remettre les choses à leur vraie place.

• Le comportement de certains recruteurs est quelquefois contestable, mais cela reste heureusement l'exception. Vous allez apprendre à y faire face.
• Vous pensez que les jeux sont faits d'avance et que les diplômes et les relations sont les seules possibilités d'obtenir un poste ? Vous apprendrez à vous doter d'autres atouts.
• Vous avez le sentiment que votre « relationnel » n'est pas aussi bon que vous le souhaitez et que cela va nuire à vos entretiens ? Rassurez-vous, des millions de gens sont comme vous et ont trouvé un emploi.
Vous aboutirez plus facilement que beaucoup d'autres pour la simple raison que vous aurez fourbi vos armes.

PARTIE I

S'ÉCLAIRCIR LES IDÉES

1. L'entretien : à quoi ça sert ?

Ce que le recruteur recherche

Le premier objectif du recruteur est de vérifier la validité des informations contenues dans votre dossier.
Il ne s'agit pas, à ce stade, de contrôler concrètement que vous êtes bien titulaire des diplômes annoncés. Mais plutôt de tester, par touches, la cohérence entre ce que vous avez écrit et le niveau de votre prestation.

Dès ce premier échange, le recruteur voudra s'assurer de la compatibilité de vos motivations avec la nature du poste et le caractère de l'entreprise. Très rapidement, le recruteur va vous questionner sur les raisons de votre intérêt pour le poste. Votre lettre de motivation aura déjà donné un aperçu crédible sur ce point, mais votre interlocuteur voudra en savoir plus.
Il vous précisera certains aspects du poste ou corrigera (mais pas toujours) la vision que vous en avez. Il voudra évaluer l'image que vous avez de l'entreprise, identifier les points qui vous intéressent. Ce sera une façon pour lui de voir si vous vous êtes informé et comment vous avez procédé (indications utiles pour apprécier votre degré de mobilisation pour l'entreprise, votre sens de l'initiative et votre attitude en face d'une situation nouvelle).
Il doit comprendre comment vous répondez, concrètement, aux attentes de l'entreprise en termes de connaissances et de compétences techniques. Ses invitations à vous faire parler de certains savoir-faire du métier, de détails de vos expériences, de ce que vous a apporté telle ou telle chose, n'ont pas d'autre but.

Le premier entretien a pour objectif d'apprécier les capacités d'adaptation du candidat à certains aspects particuliers du poste : déplacements inopinés, interventions fréquentes à l'extérieur, horaires tardifs, nécessité de travailler certains week-ends, ambiance particulière, maîtrise effective de l'anglais ou du néerlandais...
Il s'agit d'une sorte d'inventaire bilatéral des « plus » et des « moins » pour « dégrossir » le sujet.

Le deuxième entretien approfondira des points plus spécifiques et très ciblés. A moins que l'on ne vous convoque à des tests.
Mais à l'issue de cet entretien, vous pouvez décider de renoncer à maintenir votre candidature. Ce n'est pas pour autant une marque

d'échec. Simplement le constat que ces nouvelles informations modifient votre position de départ. Il vaut mieux en tirer les conséquences dès maintenant.

Le recruteur a une autre préoccupation importante : apprécier la nature de la relation du candidat avec son environnement. Il s'agit pas de dire si vous êtes « sympathique » ou « timide » mais de confronter votre personnalité au climat de l'équipe ou de l'entreprise.
Quelqu'un jugé « trop perso » ne pourra s'adapter à une structure qui privilégie un fort esprit d'équipe. Inversement, une personnalité très expansive, au rire bruyant et quasi permanent, sera perçu comme un élément perturbateur dans un bureau collectif où la nature du travail impose la réflexion.
Il s'agit également d'apprécier l'image que renvoie le candidat par rapport aux nécessités de son futur poste : on demandera à une hôtesse d'accueil chez un parfumeur d'être élégante, naturelle et sobre, d'arborer un physique agréable, un sourire sympathique ; de même, un chef de rayon ou un vendeur dans une grande surface d'articles de sport devra avoir une allure souple, un tempérament tonique, un corps plutôt mince et musclé.
Certains trouveront peut-être cela choquant, mais cette dimension est aujourd'hui devenue incontournable : l'image que vous donnez de vous doit être en adéquation avec le poste à pourvoir.
Conséquence pratique : si vous voulez éviter de vous trouver dans cette situation, évaluez auparavant les critères connus et le risque pour ceux auxquels vous ne répondez pas.

Une seule priorité pour vous : créer la confiance

Pour le candidat, l'objectif est pratiquement symétrique à celui du recruteur : il veut être rassuré, rassurez-le.
Il veut compléter son information sur vous, vous devez aussi compléter la vôtre, sur le poste comme sur l'entreprise.
La priorité est de donner confiance. Confiance dans vos capacités intrinsèques, malgré les écarts possibles entre votre profil et certains critères de sélection. C'est le moment de vous présenter dans une attitude d'échange équilibré. Vous devez apparaître comme quelqu'un de consistant, dans une situation professionnelle particulière, certes, mais qui a lui-même son propre jugement sur les choses et les situations. Vous avez droit à un statut d'interlocuteur à part entière.

Ce n'est pas au recruteur de vous offrir cette opportunité. C'est à vous d'en prendre l'initiative. Votre objectif est de donner envie à votre interlocuteur de poursuivre la relation. Il ne s'agit pas d'être brillantissime (vous pourrez être considéré au-dessus du poste), mais de lui apparaître le plus adapté à l'offre. C'est dire à quel point il est précieux pour vous d'avoir une bonne perception de ces critères pour bien « caler » votre propos et votre comportement.

Ni dominé, ni dominant

En situation de recherche d'emploi, le candidat se met instinctivement en position de demandeur.
Face à lui, le recruteur est investi d'un pouvoir considérable, presque absolu : celui de dire « oui » ou « non ». Le candidat, peut, sans toujours bien s'en rendre compte, vivre cette situation comme une relation de dominé à dominant.
Pourtant, accepter les exigences de l'autre, passivement, est aux antipodes de la position à adopter en recherche d'emploi. Inadmissible sur le plan humain, elle n'apporte rien de constructif. Cette relation ôte toute possibilité pour le candidat de valoriser ses arguments.
D'autre part, l'entreprise a besoin de gens qui lui apportent une valeur ajoutée, de collaborateurs qui prennent des initiatives, des responsabilités. Elle attend donc de la part du candidat une attitude de participation qui passe par des rapports équilibrés.
Considérez le recruteur comme un client dont vous devez obtenir la confiance pour mieux le convaincre !

2. Les règles du jeu

Les partenaires en présence

On peut se demander ce qui conduit une entreprise à choisir un candidat plutôt qu'un autre alors que leurs formations sont identiques et leurs expériences, très proches. S'agit-il d'une décision arbitraire, d'une préférence liée à des affinités individuelles ?
Le choix final tient compte, bien sûr, d'une part de subjectivité, mais la décision n'a pourtant rien d'arbitraire. Comme vous le découvrirez plus loin, des techniques permettent de s'entraîner pour répondre au maximum de critères objectifs et subjectifs.

Bon à savoir : côté candidat, on peut déterminer ce que l'entreprise demande comme compétences pour un poste. Mais l'astuce est de pallier certains flous en essayant de laisser s'exprimer le recruteur. Vous pourrez alors détecter dans son discours des informations sur le profil du poste, les qualités et les aptitudes essentielles qu'il recherche.

ZOOM SUR LES QUALITÉS LES PLUS RECHERCHÉES...

Le quotidien « France-Soir » a mené une enquête concernant les qualités personnelles les plus recherchées actuellement par l'entreprise, chez un jeune diplômé. Cent directeurs des ressources humaines, représentatifs des plus grandes entreprises de l'immobilier, de la distribution, de l'informatique, de l'automobile et de la banque, ont répondu librement. Par ordre décroissant, les qualités les plus fréquemment citées sont les suivantes :
- Capacité d'adaptation
- Motivation
- Esprit d'équipe
- Disponibilité
- Dynamisme
- Qualités relationnelles
- Enthousiasme
- Autonomie
- Ouverture d'esprit
- Esprit d'initiative
- Réactivité
- Mobilité
- Pugnacité, persévérance, ténacité
- Capacités commerciales
- Rigueur
- Polyvalence
- Sens du client

- Curiosité
- Bilingue anglais ou langue étrangère
- Ambition

A qui fait-on face ?

Le profil des intervenants et la manière d'organiser les entretiens sont souvent fonction du type d'entreprise qui recrute et du niveau du poste.

• Dans une grande entreprise, pour des postes de base ou de responsabilité moyenne, il est fréquent de recontrer un chargé de recrutement (un salarié de l'entreprise spécialement affecté à un premier tri des candidats). Ce n'est qu'après un premier entretien positif que le candidat est dirigé sur le cadre responsable de l'engagement. Les candidats à des fonctions d'encadrement rencontrent le directeur des ressources humaines (le DRH), soit avant, soit après avoir été reçus par le futur supérieur hiérarchique des candidats et, selon la nature du poste, par un dirigeant de l'entreprise. Ce sont, avec les cabinets de recrutement, les plus gros consommateurs de tests.

• Dans les petites et moyennes entreprises, les cadres dirigeants (ou le responsable direct) assurent les entretiens. Recruteurs occasionnels, ils font, paradoxalement, plus confiance à leurs impressions personnelles. Il est rare qu'une petite entreprise ait recours à des tests, sauf ceux réalisés sur un poste de travail qui exige un savoir technique ou manuel.

• Les cabinets mènent, suivant les cas, un ou deux entretiens pour présélectionner les candidats qui seront ensuite présentés à l'entreprise. C'est sûrement entre leurs mains que vous aurez affaire aux procédures les plus sophistiquées. Pour des questions de coût, et sauf exception, ils n'interviennent pas pour des postes d'exécution, pas plus que pour des micro-entreprises.

• A l'inverse, les entretiens avec des conseillers de l'ANPE ou de l'APEC peuvent rarement être très approfondis, souvent faute de temps. Il s'agit d'une vérification des points essentiels du CV plutôt que d'une véritable sélection. Dirigés rapidement sur l'entreprise, les candidats qui passent par cette voie seront en fait sélectionnés par les cadres ou les dirigeants qui ont créé le poste.

• Enfin, si vous êtes appelé à rencontrer des chargés de recrutement d'agences d'intérim, dites-vous que vous aurez également affaire à des experts du recrutement. Si votre candidature les intéressent, attendez-vous à un entretien serré, à des tests et à une analyse de vos motivations, aussi sérieux que dans un cabinet de recrutement. Ne sous-estimez surtout pas le professionnalisme de ce type de recruteur. Vos entretiens doivent être préparés avec autant de soin que les autres.

Combien d'entretiens ?

Plus le niveau de responsabilité est élevé, le poste difficile ou les enjeux importants, plus le nombre d'entretiens augmente et s'approfondit. Toutefois, il est rarissime qu'un engagement se fasse à la suite du premier entretien. Il y en aura au moins deux. Ils sont souvent menés par des intervenants différents qui confronteront ensuite leurs conclusions respectives. Il arrive ainsi qu'un candidat ait rencontré trois à cinq interlocuteurs différents avant la décision finale. L'entretien d'embauche demande de la patience et des nerfs solides. Votre réussite dépend non seulement de vos aptitudes et de votre adaptation au poste, mais aussi de votre mental.

Leur durée

Il n'y a pas de règle absolue. Mais un premier entretien dure au minimum entre 50 minutes et une heure.
A partir de là, tout est possible. Certains entretiens durent trois, quatre heures. Pour certains postes, les entretiens peuvent s'enchaîner tout au long de la journée.

Voici quand même quelques points de repère :
• Avec un cabinet, l'entretien durera rarement plus d'une heure. Il pourra être plus court quand le poste ne présente pas de particularités. Mais il est possible aussi qu'on vous demande de passer des tests.
• En entreprise, notamment dans les petites sociétés, les entretiens risquent de durer. Là, on n'hésitera pas à vous faire visiter les installations, rencontrer différents responsables, vous expliquer par le menu les spécificités de la société. Ces patrons, très attachés à leur entreprise, peuvent oublier quelquefois de laisser le candidat s'exprimer.

ZOOM SUR LES RECRUTEURS : QUI FAIT QUOI ?

Le chargé de recrutement : nous devrions dire la chargée de recrutement car, à une très forte majorité, ces postes sont tenus par des femmes, souvent des psychologues. A ce niveau se déroule toute la partie opérationnelle du recrutement où l'on prépare les annonces, reçoit les courriers et où on les trie. On convoque les candidats pour un premier entretien ; ceux présélectionnés par le chargé de recrutement sont ensuite présentés au cadre responsable du futur employé pour effectuer le choix final.

Le DRH : sa fonction est de formaliser et de veiller à l'application d'une politique de ressources humaines. Il intervient aussi bien dans la définition des niveaux de rémunération, que dans la politique d'embauche, la gestion des carrières, la politique de formation. En cas de difficultés graves, il sera chargé de rechercher les solutions les moins douloureuses (en cas de réduction de personnel par exemple). En matière de recrutement, il n'intervient en général qu'à un niveau avancé du processus et seulement pour des postes d'encadrement.

Le chef du personnel : il a plutôt un rôle de gestion adinistrative des dossiers. Il ne définit pas une politique, il l'applique et veille à ce qu'elle soit adoptée par les différents services. Au quotidien, son équipe gère les entrées et les sorties de personnel, les congés, les absences pour maladie... Il supervise le « Service paie », assume la responsabilité de l'hygiène et de la sécurité au sein de l'entreprise. Lors d'un recrutement, c'est souvent lui qui va se charger de passer les annonces et de recevoir les candidatures qu'il dirigera aussitôt vers les services concernés.
Mais, excepté pour des postes d'éxécution, il n'aura pas à traiter lui-même les dossiers en terme de sélection.

PARTIE II

LES CONDITIONS PRÉALABLES À LA RÉUSSITE

1. Faites votre inventaire personnel

Lorsque l'on est candidat, vouloir réussir un entretien consiste d'abord à savoir de quels atouts on dispose. Pour cela, il n'y a pas d'autres solutions que de disposer d'un inventaire aussi complet que possible

de ce que l'on a
de ce que l'on est
de ce que l'on veut.

L'expérience permet d'avancer que la majorité des jeunes diplômés et des jeunes adultes se connaissent mal. Ils peuvent donc soit surestimer la valeur opérationnelle de leur profil, soit, au contraire, sous-estimer leurs possibilités.
Comment, dans ces conditions, espérer faire le poids devant un recruteur qui sait précisément ce qu'il cherche ?
Où puiser l'assurance qui permettra de valider aux yeux de votre interlocuteur les éléments favorables de votre candidature ?
Comment, en cours d'entretien, être sûr que l'offre à laquelle vous postulez est bien conforme à vos véritables objectifs ?
Vous obtiendrez cette connaissance indispensable grâce à une analyse exhaustive et écrite de vos points forts et de vos faiblesses.

Recensez vos atouts et vos points faibles

Pour être constructif et efficace conduisez cet inventaire personnel sur trois plans différents.

Vos connaissances

Cursus de formation, raisons de vos choix, diplômes, spécialisations, double formation, degré de maîtrise d'une ou de plusieurs langues...
• Listez tout, même ce qui ne ressort pas de connaissances directement liées à l'activité professionnelle (votre connaissance du grec ancien, votre expérience de l'observation astronomique, votre talent d'instrumentiste ou la création d'un logiciel de gestion de vos économies !).
• Décortiquez tout.
Analysez objectivement ce que cela vous a apporté et notez-le.
Quels usages pouvez-vous en faire ?
En quoi cela conforte-t-il votre profil professionnel ?

Y-a-t-il des points qui vous apparaissent faibles par rapport à vos objectifs et que vous devriez renforcer ?
• Soyez aussi complet que possible.
• Travaillez avec méthode en catégorisant tous les aspects que vous analysez et en poussant l'introspection aussi loin que vous le pouvez.

Vos compétences

Il s'agit du professionnalisme que vous avez pu acquérir au cours de stages de longue durée ou d'une première expérience.
• Quels en sont les acquis pour vous, aussi bien au plan strictement technique que relationnel. Que disent-ils sur vos capacités à vous adapter aux situations que vous avez dû gérer ?
• Quels problèmes avez-vous rencontrés ?
• Comment les avez-vous surmontés ?
• Sur quoi avez vous buté ?
• Quels enseignements tirez-vous de ces premières expériences ?
• Est-ce que certaines vous laissent penser que vous êtes plus à l'aise dans un domaine plutôt qu'un autre ?
• Vous voyez-vous davantage dans une fonction opérationnelle, fonctionnelle (c'est-à-dire un poste avec une responsabilité « horizontale » spécifique, mais sans responsabilité hiérarchique : un contôleur de gestion par exemple) ou dans un poste d'encadrement ?
Autant de domaines à explorer.

QUELQUES PISTES POUR ALLER PLUS LOIN

Nous n'avons pas l'ambition de tout recenser mais vous pouvez utiliser quelques-unes de ces pistes de réflexion :
• Vos connaissances tous domaines confondus (cursus de base et compléments)
• Vos autres champs de connaissances (langues étrangères, domaines techniques sans rapport direct avec vos études, arts, sports particuliers, domaine intellectuel spécifique...)
• Votre degré d'intérêt pour ces différents domaines de connaissances
• Vos expériences professionnelles (y compris stages validants)
• Ce que ces expériences vous ont appris sur vous-même
• Vos compétences particulières
• Vos réalisations majeures à ce jour (tous domaines)
• Vos relations dans le travail (prenez des exemples)
• Vos réactions face aux événements (réfléchissez sur des cas précis)
• Vos motivations particulières
• Ce que vous ne voulez pas faire...

Réfléchissez par écrit, ou, plus exactement, portez par écrit tout ce que vous allez identifier, rubrique par rubrique.
Petit à petit, vous pourrez compléter ces listes, les classer d'une autre façon, clarifier. En les relisant périodiquement, vous aurez une idée plus précise de votre véritable profil, vous parlerez de vous à la fois mieux et, surtout, d'une manière plus efficace.
Dernier point : n'hésitez pas à demander l'avis objectif de quelqu'un qui vous connaît bien.

Mes connaissances et compétences		Mes relations dans le travail	Mes réactions face aux événements	Motivations particulières	Ce que je refuse
Techniques	Autres				

Votre personnalité

Beaucoup de candidatures n'aboutissent pas pour des questions de personnalité mal adaptée à l'offre.
Or, ce type d'exigence est devenu un aspect primordial de la demande des entreprises et de leur besoin de performance. Bien entendu, la signification de la performance ne va pas recouvrir les mêmes réalités pour un commercial, pour un juriste ou une biologiste.
Bien entendu, on peut regrouper des qualités communément appréciées par les recruteurs, plus spécifiques à un métier et à une fonction dans ces métiers.
Lors d'une table ronde consacrée aux ingénieurs et techniciens, organisée par le *Figaro Economie*, les participants constataient que : « *les demandes des recruteurs sont encore plus à la hausse au niveau de la personnalité qu'à celui de la technicité des compétences* ». L'un des participants précisait : « *le développement des qualités intrinsèques de l'individu ne fait pas partie intégrante du cursus des écoles d'ingénieurs ou des universités. Nous devons choisir le candidat*

ayant la meilleure compétence mais également la personnalité la mieux adaptée à l'entreprise ».
L'enjeu est important. Il est capital d'avoir une vision claire des traits de sa propre personnalité.

Etablissez dans un premier temps une liste par ECRIT qui dresse un premier portrait réfléchi de vous-même.
N'hésitez pas à soumettre cette liste à vos proches pour confirmer ou infirmer votre inventaire.
Non seulement vous aurez éclairci des choses en couchant sur papier des notions plus ou moins évidentes jusque-là, mais vous aurez peut-être, pour la première fois, un retour du regard des autres.
Bien sûr, il s'agit de mener cet inventaire avec la plus grande intégrité et avec honnêteté. Vous ne tromperiez que vous-même en étant complaisant dans cette recherche.

Exercice pratique : cernez votre personnalité

adaptable
aimable
ambitieux
angoissé
attentif
attentionné
autonome
autoritaire
bavard
bonne écoute des autres
bonne humeur
brouillon
calme
casse cou
communicant
confiant
consciencieux
conservateur
constructif
contrôlé
courageux
débrouillard
dépendant
détendu
égoïste
émotif
enthousiaste
esprit d'analyse
esprit d'équipe
esprit de synthèse
esprit lent
esprit rapide
exigeant
honnête
idéaliste
imaginatif
impatient
impulsif
incontrôlé
indépendant
innovateur
insouciant
intègre
intuitif
lent
maîtrise personnelle
méthodique
minutieux
persévérant
placide
ponctuel
posé
positif
pragmatique
précautionneux
précis
raisonnable
rapide
réaliste
relationnel
réservé
responsable
rêveur
rigoureux
rusé
secret
sens pratique
sociable
soupçonneux
souple
stable
sûr de soi

diplomate
direct
discret
disponible
drôle
dur
dynamique
efficace
mobile
modeste
objectif
opportuniste
optimiste
organisé
ouvert
patient
tenace
tendu
têtu
timide
travailleur
tricheur
volontaire

(1) Cochez ou encerclez les traits de caractère qui vous paraissent le mieux refléter votre personnalité.
(2) Parmi tous les qualificatifs que vous avez retenus, ajoutez le signe + à ceux qui sont les plus représentatifs de votre profil.
(3) Choisissez-en trois parmi ceux-là que vous considérez comme positifs et trois que vous considérez comme négatifs.
(4) Essayez de retrouver dans quelles situations vous avez eu l'occasion de mobiliser ces traits de caractère. Que vous ont-ils apporté en termes d'avantages et en termes d'inconvénients ?
(5) Pour les aspects les plus négatifs, que pouvez-vous faire pour améliorer la situation ?

Vous allez ainsi valider vos « impressions », à l'épreuve de la réflexion concrète.
Si vous ne pouvez pas formellement mettre en rapport ces traits de caractère que vous jugez déterminants avec des situations concrètes, sont-ils vraiment aussi marqués que vous le pensez ?

Utilisez le regard des autres

Excellente occasion de faire une analyse entre amis et d'évaluer l'image que les autres ont de vous !
L'analyse objective d'une personnalité n'est pas chose facile. Quand il s'agit de soi-même, l'exercice devient des plus délicat.
L'important est moins ce que vous pensez de vous que ce que les autres perçoivent de vous.
C'est pourquoi le regard d'un parent, de vos amis, de camarades de promotion est toujours riche d'enseignements. Profitez aussi de vos contacts professionnels, à la fin d'un entretien d'embauche, par exemple.
Beaucoup voudront rester prudents mais encouragez-les à vous rendre ce service.

Prenez bonne note de ce qui vous est dit et examinez comment vous pouvez faire évoluer les traits qui desservent votre recherche d'emploi.

Combien de temps pour ce bilan ?

C'est impossible à chiffrer d'une manière précise. Cela dépend avant tout du degré naturel d'introspection dont vous êtes capable et de votre préparation sur le sujet. Mais pour être véritablement utile, un tel travail demande du temps pour réunir des éléments, pour réfléchir, pour synthétiser, pour confronter ses conclusions à l'opinion de proches ou d'amis. Ce bilan, ne le faites pas pour vous faire plaisir mais pour dessiner votre profil, tel qu'il est, avec ses aspects positifs et les autres. C'est un outil de travail et, comme tous les outils, c'est un instrument neutre qu'il faut prendre comme une donnée. Ni plus ni moins.

Même si vous avez le sentiment de vous connaître assez bien, vous vous apercevrez, dès que vous listerez ces informations, que les choses s'enchaînent et vous conduisent à aller plus loin dans leur recensement, leur classement et leur interprétation.

Il est souvent étonnant de constater à quel point on peut connaître de choses et avoir de talents quand on se donne la peine de soulever le couvercle. Ne croyez pas pouvoir faire un travail solide en une heure ou moins. Et surtout pas juste avant de lancer votre première candidature. En la matière, le recul et l'imprégnation sont nécessaires.

Prévoyez l'équivalent d'un à deux jours (par séquence d'une à deux heures par exemple), voire davantage. Beaucoup, trop, pas assez ? Tout dépend de votre situation et de votre facilité à jongler avec ce genre d'exercice. Mais si vous raisonnez en terme d'efficacité, vous conviendrez que c'est un investissement bien léger.

Desserrez vos freins personnels

Vos freins personnels sont les limites que vous vous êtes fixées plus ou moins consciemment : non-motivation pour quelque chose, crainte ou refus d'aborder tel sujet ou telle situation. Ces obstacles ne viennent pas directement du monde qui vous entoure, mais sont tout simplement en vous.

Souvent vous n'en avez pas conscience. Vous vous dites, bien que vous ayez les qualifications demandées :

« *Non, ce n'est pas la peine que j'écrive à cette société, je n'ai aucune chance* ».

En réalité, cela signifie peut-être simplement que vous vous êtes senti un peu humilié de ne pas avoir été précédemment convoqué à un entretien sur une annonce du même type. Vous êtes en train de vous fabriquer une protection, une sorte de bulle destinée à isoler votre fierté de ce type d'agression. Vous risquez, du même coup, d'écarter d'autres opportunités intéressantes.

Identifier ces phénomènes ne vous en met pas à l'abri instantanément. C'est une étape décisive pour comprendre vos « non-dits » personnels qui paralysent si souvent l'action sous de faux prétextes. Les résoudre est ensuite affaire de choix et de motivation.

Vous ne pourrez pas admettre spontanément que de tels freins existent chez vous. Tout simplement parce que ce sont des non-dits intimes. Pourtant, tout le monde vit avec des freins.

Ils proviennent d'un conditionnement. Chaque individu se fabrique progressivement une série d'interdits, fruits de son éducation et de ses expériences personnelles.

Ils sont donc difficiles à détecter parce que le propre d'un conditionnement est de nous faire faire (ou ne pas faire) quelque chose sans qu'intervienne notre volonté consciente. Ceci vaut pour la vie en société, mais le même schéma existe, tout aussi puissant, dans la sphère strictement individuelle. Tant que ces auto-limitations n'entravent pas les actions que l'on veut mener, le phénomène n'a qu'une importance relative. Il en va tout autrement lorsque des craintes, des peurs, des refus divers entravent votre esprit d'initiative. Ils deviennent des handicaps.

POUR ALLER PLUS LOIN : MIEUX UTILISER VOTRE POTENTIEL...

1 - Notez systématiquement les occasions où vous n'avez pas fait quelque chose sous un prétexte ou un autre : vous n'avez pas relancé par téléphone un de vos contacts au moment opportun, vous avez repoussé la date de votre inscription à l'ANPE, vous ne vous êtes pas rendu à un salon professionnel pour remettre des CV et nouer des contacts...

2 - Prenez l'habitude de noter toutes ces circonstances sur un carnet que vous aurez toujours avec vous, pour les consigner au fur et à mesure et ne pas risquer les oublis involontaires ou non. Tous les soirs, relisez vos notes. Et posez-vous une question et une seule : pourquoi n'ai-je pas fait cette chose que j'aurais dû faire ? Essayez de faire le tri entre ce qui ressort de la raison apparente invoquée :

• *je n'ai pas eu le temps, ... il y avait trop de monde...*

et les raisons de fond :

• *en fait, je crains d'être ridicule... Je ne me sens pas prêt pour aborder telle situation...*

3 - Quand vous en serez à ce stade, attelez-vous à l'une de ces situations répétitives que vous voulez changer et listez soigneusement, par écrit, les aptitudes concrètes dont vous disposez objectivement pour faire ce que vous ne vous croyez pas capable de réaliser.
Prenez une décision d'action, décidez d'une manière de faire et à la prochaine occasion mettez-la en œuvre, sans état d'âme.

A vous de faire évoluer les choses.

---

2. Construire un vrai projet professionnel

« Monsieur le chat voudriez-vous, s'il vous plaît, demanda Alice, me dire de quel côté je dois aller ? Cela dépend de l'endroit où vous voulez vous rendre, répondit le chat ».

Lewis Carrol

Sachez ce que vous voulez

Clarifier vos motivations est primordial pour mener efficacement votre campagne de recherche d'emploi.
C'est avant tout identifier précisément vos objectifs.
Sans objectifs clairs à long et moyen terme, vous vous privez de cohérence et d'efficacité pour vos actions à court terme. Vous ne pourrez pas passer pour convaincant face au recruteur...
Au début de la vie active, il est normal que l'on soit un peu perdu devant la quantité des options possibles pour mener une carrière. Une bonne raison pour certains de se dire qu'après tout, il y a en bien une qui se dégagera d'elle-même. C'est faire grande confiance au hasard. Et surtout, porter peu de considération à la formidable force de propulsion et de satisfaction personnelle que génère une motivation solide.
Votre objectif est ambitieux ou original ? Peu importe !
La seule chose qui compte c'est que, pour vous, ce soit un objectif supérieur auquel tous les autres vont être subordonnés. Il est l'expression d'un choix personnel libre et valorisant pour vous-même, indépendamment des opinions de quiconque.
Il attestera, auprès de vos interlocuteurs, de votre fiabilité et de votre cohérence dans votre démarche du moment.
C'est autour de ces objectifs majeurs que doit s'articuler votre projet professionnel.

Adaptez-vous aux circonstances

La caractéristique première de l'adaptation est d'accepter que les choses évoluent. Il n'y a rien de surprenant si, après plusieurs années d'études, le projet initial que vous aviez en tête vous paraît caduque.
D'une part, vous avez mûri, d'autre part, le panorama a changé autour de vous. Souvent, on est même plus près du bouleverse-

ment que du simple changement. Des métiers qui existaient ont disparu ou sont sur le point de disparaître, d'autres émergent, mal connus et souvent pour cette seule raison ignorés ou méprisés.
Propos incongrus pour ceux qui ont une vision claire de leur trajectoire, mais trop vrais pour beaucoup d'autres qui sont en plein désarroi.
En sortir, prendre un vrai départ, c'est avant tout accepter de se mettre en question et peut-être de réviser un projet initial, en fonction des circonstances, quitte à y revenir plus tard. Plus votre objectif majeur sera clair et nettement positionné dans le temps, plus il vous sera aisé d'y parvenir.
Vous adapter aux réalités du terrain est une condition première pour faire aboutir rapidement votre recherche d'emploi.
Ayez le courage d'offrir un lifting à votre projet lorsque c'est nécessaire, tactique infiniment plus payante que l'entêtement. Sauf si vous avez les moyens d'attendre, évidemment...

Êtes-vous l'homme de la situation ?

Satisfaire aux critères de sélection, c'est un peu comme recomposer un puzzle. En dessous d'une certaine quantité de pièces ou si celles-ci trouvent leur place dans des endroits trop dispersés, l'image d'ensemble n'est pas perceptible.
La conséquence pratique pour vous, c'est qu'il vaut mieux savoir de quelles pièces vous disposez avant d'engager l'action avec des chances raisonnables de succès. Pour cela, il est évident que vous devez connaître l'ensemble des critères généraux attachés au « modèle standard » d'un poste de ce type.
Vous pouvez en déterminer un certain nombre vous-même.
Renseignez-vous auprès de professionnels de la recherche d'emploi, un conseiller de l'ANPE ou de l'APEC par exemple. Lisez *Courrier Cadres*, l'hebdomadaire de l'APEC, les pages « Réussir » de *L'Express*, le *Figaro Economie* du lundi. Vous y trouverez régulièrement des informations intéressantes sur le profil recherché pour différents postes. D'autres supports, notamment des périodiques spécialisés par branche d'activité, vous aideront également dans cette recherche.
N'hésitez pas à contacter directement des entreprises pour confronter ces informations en recueillant, en direct, leur définition du profil nécessaire. De tels contacts sont toujours riches d'enseignements.
Dans certains cas, ils peuvent avoir des conséquences inattendues.

COMMERCE OU MARKETING ?

Anne était titulaire d'un DUT Techniques de Commercialisation. A l'issue de ses études, elle souhaitait obtenir son premier poste dans un service marketing.
Après avoir contacté plusieurs responsables marketing, elle s'est vite aperçue que sa candidature aurait peu de chances d'être prise au sérieux tant qu'elle n'aurait pas une expérience significative de vente terrain. Elle a donc orienté ses recherches dans cette direction.
Ses qualités personnelles lui ont permis de trouver en quelques semaines un poste de déléguée commerciale chez un distributeur de logiciels de gestion pour les PMI. Trois ans plus tard, elle y est toujours, à sa grande satisfaction.
Elle se donne encore deux ans avant de décider si elle reste dans ce type de poste ou si elle exploite cette expérience pour tenter de concrétiser son projet initial dans une fonction marketing.

Sait-on jamais, vous serez peut-être mis en contact avec quelqu'un qui envisage de recruter pour la fonction dont vous rêvez. Beaucoup de petites et moyennes structures procèdent souvent par recrutement latent : c'est l'opportunité d'une candidature spontanée ou d'une prise de contact qui les incite à penser à la création d'un poste.

La liste d'aptitudes que vous ferez doit être envisagée sur trois plans :
- Les cursus les plus recherchés et ceux considérés comme compatibles.
- Les savoir-faire indispensables (stages qualifiants, expériences significatives...).
- Les qualités personnelles les plus fréquemment demandées.

Vous vous donnerez ainsi la possibilité de comparer objectivement les données concrètes venant du terrain avec les caractéristiques de votre propre profil. « Vendre » sa candidature auprès des employeurs, c'est adopter une démarche marketing. Il faut adapter la présentation de son produit à la demande du marché ou chercher les « créneaux » demandeurs du produit tel qu'il est.

Comment réduire les écarts ?

En vous informant sur les caractéristiques nécessaires pour accéder au poste que vous visez, vous allez du même coup vous rendre compte de vos manques et de vos insuffisances. A partir de là, vous aurez une vision claire de la situation.
A vous, alors, de prendre vos dispositions :
• soit chercher à compléter votre aptitude sur tel ou tel point,
• soit envisager d'autres orientations si les écarts sont trop importants.
Vous avez désormais la bonne attitude pour avancer efficacement. Agissez maintenant avec détermination dans les axes précis que vous aurez définis.

PALLIER SES MANQUES : À CHACUN SA SOLUTION

En règle générale vous pouvez considérer que vous aurez souvent les moyens d'apporter vous-même les réponses nécessaires. C'est le cas, notamment pour tout ce qui touche à :
• des expériences insuffisantes : le recours à des missions d'intérim ciblées, même de courte durée mais répétées, peut progressivement combler ce vide ;
• la maîtrise insuffisante d'une langue : une immersion dans le pays pendant quelques mois, sous une forme ou sous une autre, est toujours possible quand cet obstacle s'avère incontournable. Si vous pouvez obtenir un poste à l'étranger proche de celui que vous visez, vous faites alors coup double ;
• l'évolution de certains traits de personnalité ou de comportements qui pourraient vous être opposés ressort particulièrement de votre initiative personnelle. C'est le cas, par exemple, pour ceux qui donnent le sentiment de ne pas être très fixés dans leurs choix : une clarification personnelle leur donnera davantage de crédibilité. Les caractères un peu réservés ou timides se libèreront en participant à des activités sportives, de groupe, en participant à une association théâtrale...
Impossible de tout envisager. Mais retenez ceci : croire ou faire semblant de croire qu'on ne peut agir que très peu ou très lentement sur son profil personnel serait une erreur grossière.

Imaginez d'autres trajectoires professionnelles

Si vous butez régulièrement sur une impossibilité à trouver l'emploi que vous ambitionnez, il va sans doute falloir envisager un changement de trajectoire professionnelle.
Les analyses préalables contenues dans ce guide vous permettront de détecter pourquoi vous êtes face à cette situation d'échec. Si les efforts que vous avez menés pour combler les écarts constatés restent vains, il vous faut prendre le problème à l'inverse et changer de cible. Pour cela, peut-être vous faudra-t-il repenser votre projet professionnel immédiat ou l'organiser autrement. Pour ce faire, vous devrez partir du produit (c'est-à-dire votre profil) pour identifier les marchés qui lui correspondent, autrement dit les métiers et les fonctions s'y rapportant.
En premier lieu, établissez une liste écrite aussi exhaustive que possible des métiers et des fonctions compatibles avec vos aptitudes en termes de connaissances et de savoir-faire, en tenant compte des caractéristiques majeures de votre personnalité et de vos goûts personnels. Procédez par étapes. Si vous décidez de mener une étude de fond (qui sera plus longue mais aussi beaucoup plus riche en ressources), partez d'une liste des métiers (par exemple la documentation ONISEP). Puis concentrez-vous progressivement sur un nombre de pistes de plus en plus restreint. Faites-vous aider pour établir cette liste.
Enfin, hiérarchisez le niveau de votre motivation pour chaque type de solution potentielle identifié (en les notant de 1 à 5 en excluant la note 3 pour éviter la tentation habituelle de choisir la ligne moyenne). Vous allez vous rendre compte que de nouvelles orientations auxquelles vous n'aviez peut-être pas songé jusque-là se sont dégagées progressivement. Des solutions qui ne remettent pas vos choix de base en cause et qui multiplient vos possibilités.

DÉFINIR SON PROFIL

Une psychologue qui cherchait jusque-là exclusivement à travailler dans un service de recrutement décide de repenser son projet. Elle trouve en quelques semaines un emploi dans une agence de publicité pour mener des études de motivation.

Dans ce cas particulier, sa démarche a été la suivante.
• La candidate a commencé par lister la nature des aptitudes liées à ses connaissances : compréhension des mécanismes intellectuels et mentaux, capacité à étudier les comportements et à les interpréter,

identifier des comportements types, identifier des attitudes et des comportements à partir de tests, mesurer des aptitudes intellectuelles...

• Son deuxième travail l'a conduit à lister, face à chacune de ces aptitudes, différents métiers susceptibles d'avoir besoin de ce type de connaissances : psychologie clinique, orientation scolaire, recrutement, formation, psychologue libérale, conseiller conjugal, auxiliaire de justice, publicité, psychologue en entreprise, conseil en communication, etc.

• La troisième étape a été de se dire : à part le recrutement, pour lequel je ne trouve pas de poste, par quelle activité je me sens plutôt attirée ? Côté tempérament, c'est une femme qui aime l'action, le changement, elle est également concrète et elle aime voir l'aboutissement de son travail.

De cette analyse, il ressort que ses goûts personnels ne se tournent pas vers les postes de type administratif ou médical. Ce sont des fonctions qui, pour elle, ne bougent pas assez.

Petit à petit, se dégage le domaine de la publicité auquel elle n'avait pas songé initialement et qui représente un débouché pour ses connaissances et ses motivations personnelles.

Vous pouvez faire la même chose pour n'importe quel profil. Il suffit que vous meniez les choses avec méthode.

Informez-vous sur les secteurs porteurs

Les évolutions du marché de l'emploi peuvent être très sensibles entre le moment où vous vous êtes engagé dans une voie déterminée et celui où vous cherchez à y travailler. Vous devez en tenir compte.

Il y a des activités économiques qui se développent. Il faut les identifier.

Informez-vous, documentez-vous, lisez la presse ! Des exemples : les pages économiques des journaux tels *Le Figaro*, *Le Monde*, *Les Echos*, *Entreprise et Carrières*. Des mensuels ou des hebdomadaires tels *Capital*, *L'Expansion*, *L'Entreprise*...

Ecoutez la radio, suivez les émissions de télévision sur l'emploi.

De nombreux supports publient régulièrement des études sur le sujet, permettant d'évaluer les potentiels des différentes activités économiques et des différentes fonctions.

Prenez l'habitude d'en consulter régulièrement.

VOUS RECHERCHEZ DES INFORMATIONS SUR LES SECTEURS PORTEURS ?

Sachez utiliser la presse économique, les émissions de radio et de TV spécialisées. (*Rue des Entrepreneurs* sur France Inter le samedi matin, *Capital* le dimanche soir sur M6...).

Presse économique (ou rubriques économiques) :

Le Figaro et Le Figaro Economie	*Le Monde*
L'Express et L'Express Réussir	*Les Echos*
La revue Capital (mensuel)	*Le nouvel économiste*
L'Entreprise	*L'Usine nouvelle*
L'Expansion	*Courrier International*

Supports dédiés à l'emploi :

Courrier Cadres (APEC), Rebondir.

Principaux titres de presse spécialisés par secteurs d'activité :
Indépendamment des annonces qu'ils proposent, ces supports sont des sources d'information extrêmement utiles pour apprécier la situation du moment et les évolutions des différents postes dans chaque branche.

Aéronautique	*Air et cosmos.*
Agro-alimentaire	*R.I.A, Filière viande et pêche.*
Agro-industrie	*Cultivar, Circuit culture, La France agricole.*
Automobile	*Le journal de l'automobile, L'Argus.*
Armée	*Tremplin magazin, Armées d'aujourd'hui.*
Bâtiment	*Le Moniteur du BTP, L'ingénieur constructeur ETP.*
Chimie	*Chimie magazine, Informations chimie.*
Communication/Publicité	*Stratégies, Communication CB News, Sonovision, Sonovision Hebdo, Caractère.*
Distribution	*LSA, Points de vente, Grand froid.*
Electronique	*Electronique internat.*
Hôtellerie	*L'Hôtellerie, Néo-restauration.*
Informatique	*01 Informatique, Le Monde Informatique, Pyramide.*
International	*Le MOCI, Le Point (Edit. Internat), International Herald Tribune, L'Express Ed Internationale.*
Juridique	*Liaisons juridiques et fiscales.*
Santé	*Le quotidien du médecin, Le Moniteur des pharmacies, Impact médecin.*
Textile	*Le journal du textile.*
Tourime	*Tour Hebdo, L'écho Touristique.*
Transports	*L'Officiel des transporteurs.*

Provoquez la critique de votre projet

De la même façon qu'il est recommandable de solliciter le regard des autres lorsque l'on veut comprendre comment on est perçu, il est tout à fait souhaitable de parler de son projet professionnel à d'autres. Des critiques viendront peut-être sur certaines de vos idées. A vous de les analyser et d'en tirer profit. Mais des suggestions viendront aussi, des ouvertures auxquelles vous n'avez pas songé.

Essayez d'obtenir une entrevue avec un cadre ou un directeur des ressources humaines d'une entreprise du domaine qui vous intéresse : il vous donnera des informations précieuses et judicieuses.

Peut-être, sait-on jamais, établirez-vous un contact qui peut vous conduire un jour tout droit sur un emploi. Retenez cette règle simple et terriblement efficace : plus vous avez de contacts, mieux ceux-ci sont entretenus, plus vous multipliez vos chances de réussite.

Vous pourrez ensuite regrouper tous ces éléments sous la forme d'une fiche de synthèse, en prenant modèle sur celle qui suit.

Définir son projet professionnel

Mon projet professionnel à dix ans

....

....

....

....

Mon projet professionnel à deux ans

....

....

....

....

Les différents postes auxquels je peux prétendre actuellement

....

....

....

....

Mes compétences

....

....

....

....

Les acquis forts de mon expérience (stages compris)

....

....

....

....

Mes qualités

....

....

....

....

Mes aptitudes

....

....

....

....

Mes points forts

....

....

....

....

Mes motivations

....

....

....

....

Ce que je dois renforcer

....

....

....

....

Comment j'envisage d'agir pour renforcer mes points faibles

....

....

....

....

Identifiez vos cibles

Vous avez précisé et validé votre projet professionnel, vous avez une vision claire de ce que vous voulez faire, de ce que sont vos atouts et vos limites pour la fonction que vous voulez tenir. Votre décision est arrêtée. Le temps de la réflexion est passé. Celui de l'action est venu. En premier lieu, choisissez les cibles qui correspondent le mieux à votre projet. C'est une erreur courante de croire que plus on ratisse large, plus on a de chances d'aboutir. C'est précisément l'inverse.

Identifiez précisément le profil de vos cibles et tenez le cap

• Arrêtez-vous exclusivement sur les annonces qui correspondent à ce que vous avez déterminé.
• Dressez la liste (écrite une fois encore) des entreprises qui passent des annonces dans la presse et qui correspondent au profil de structure que vous recherchez. Même si elles n'ont pas manifesté de recherche de collaborateurs de votre profil, ce sont des cibles pour vos candidatures spontanées ou des contacts pour votre « enquête personnelle ».
• Consultez les annuaires professionnels (Kompass, Bottin Entreprises pour les emplois industriels, les Pages Jaunes de l'annuaire de La Poste pour ceux qui recherchent des commerçants, des artisans et, d'une manière générale, toute profession en rapport direct avec les particuliers.
• Contactez les syndicats professionnels : ils disposent tous de listes d'adhérents et ils ne feront aucune difficulté à vous en remettre une. Il vous sera facile de vous procurer l'adresse et le téléphone pour appeler (ou mieux, rencontrer) le chef du personnel ou le directeur administratif d'une société de ce secteur d'activité (ou le dirigeant lui même) s'il s'agit d'une petite structure.

Cultivez une attitude de réussite

Réaliser un objectif n'est jamais le fruit du hasard ni de la chance, comme certains le croient. C'est d'abord une question de motivation et ensuite de méthode et de travail.
Dans l'un des dix points clés du début de ce guide, nous avons évoqué l'importance du mental. C'est ce type d'attitude qui préside au succès, quelles que soient les difficultés rencontrées.

Quel est le passeport pour un « moral de vainqueur » ?

1. Nous l'avons déjà souligné, vous avez besoin d'un objectif clair et mobilisateur. C'est votre motivation de fond. Au sens propre, c'est un véritable générateur d'énergie.
La motivation dynamise au sens littéral du terme. C'est elle qui vous aiguillonnera sans cesse pour persévérer, trouver de nouvelles solutions. « *Des quantités de gens ont réussi des choses impossibles, simplement parce qu'ils ne savaient pas qu'elles étaient impossibles* ».

Les gens fortement motivés ne craignent pas de perdre : ils n'y pensent pas. Toute leur énergie est mobilisée pour gagner. La force que dégage cette attitude est tellement évidente qu'elle impressionne ceux qui en sont les témoins. Elle atteste de votre assurance, de votre foi en vous-même et cela rassure. Or les recruteurs ont tous besoin d'être rassurés !

2. Pour perdurer, cette force doit enregistrer des résultats sur une succession de points, même limités, mais orientés en direction de votre objectif. Autrement dit, il faut bouger. En définissant un programme de travail structuré, méthodique et suivi, vous arriverez à vos fins rapidement.
- Etablissez un plan d'action.
- Fixez des étapes et des dates pour chacune d'elles.
- Anticipez les obstacles.
- Recherchez les solutions possibles et validez-les pour réagir vite et bien, le moment venu.

LES SIX RÈGLES D'OR DE LA MOTIVATION PERSONNELLE

Règle n° 1
Vous devez avoir un OBJECTIF PERSONNEL valide, fort et intangible, qui représente pour vous une sorte d'aboutissement et dont les satisfactions escomptées ont de la valeur à vos yeux. Cet objectif peut être à moyen ou long terme, selon son importance et le nombre d'étapes qu'il suppose. C'est une sorte de pôle magnétique qui oriente toutes vos actions et vos décisions dans le quotidien jusqu'à sa réalisation pleine et entière (qui peut demander plusieurs années selon sa nature et son importance).

Règle n° 2
Votre objectif principal et vos objectifs intermédiaires doivent être formulés d'une manière précise et concrète par ECRIT. C'est indispensable pour préciser vos idées et pour avoir une base de référence permanente. Les objectifs intermédiaires sont des étapes sur le chemin de votre objectif principal.

Règle n° 3
Vos objectifs doivent être DATES. Sans date, un objectif n'est qu'un mot. Un objectif se doit d'être atteint. Il ne le sera jamais si, devant les difficultés qui se présenteront obligatoirement, vous vous donnez la liberté d'en repousser la réalisation. Une échéance fixée par vous-même sert à vous l'interdire. C'est votre programme de travail qui doit être établi en fonction de cette échéance et non l'inverse.

Règle n° 4
Comme pour la définition de vos objectifs, écrivez votre plan d'action. Il est impératif qu'il vous engage fortement. C'est un contrat moral entre vous... et vous-même ! Ce plan d'action est l'organisation et la programmation des différentes étapes (objectifs intermédiaires) pour atteindre votre objectif principal.

Règle n° 5
Pour vivre, la motivation se nourrit de REUSSITE. Elle-même dépend du volume d'ACTION que vous développez. Si vous en restez au stade de projets sans vous mettre concrètement en action, jamais vous n'obtiendrez ce que vous avez décidé. Et de ce fait, vous vous découragerez.

Règle n° 6
La motivation se conforte par LE PLAISIR. A chaque objectif intermédiaire atteint, marquez l'étape. Regardez le chemin parcouru, félicitez-vous et récompensez-vous d'une manière ou d'une autre. Vous avez le droit d'être fier de votre travail et de votre pugnacité. Vous avancez avec détermination vers l'aboutissement de votre projet. Bravo. Vous êtes prêt pour la prochaine étape.

PARTIE III

AVANT L'ENTRETIEN

1. Préparez chacun de vos entretiens

Nous l'avons déja écrit : chaque entretien est unique car il dépend de la culture de l'entreprise, de la nature du poste, du statut du recruteur-interviewer et de la forme de l'entretien.
De ce fait, chacun de vos entretiens doit faire l'objet d'une préparation particulière, sans laquelle vous ne sauriez être efficace et convaincant. Vous le serez en démontrant à votre interlocuteur que vous vous adaptez au poste à pourvoir. Il s'agit donc de savoir à quoi et à qui se référer.
Obtenir un entretien ? Voilà chose faite grâce à un bon CV et une bonne lettre de motivation. Reste que l'entretien se prépare avec autant de soin. Nombre de candidats comptent sur leur entregent et leur aisance pour le réussir. Erreur classique. Pour chaque entretien, vous aurez besoin de plusieurs heures de préparation. Prévoyez entre deux heures et une demi-journée.

Informez-vous sur l'entreprise

Plus la responsabilité augmente, plus l'information doit être consistante.

Comment vous procurer ces informations ?

Tout dépend du temps dont vous disposez et de l'information disponible. Il est évident qu'il est plus simple de se procurer de l'information sur une entreprise importante dont on parle fréquemment que sur une petite société.
Pour une grande entreprise, vous pouvez progressivement rassembler des éléments dans la presse économique ou les hebdomadaires et vous constituer ainsi une banque de données. Rassemblées sur une fiche, elles seront instantanément disponibles le jour où vous en aurez besoin.
Mais, dans la plupart des cas, le nom de l'entreprise ne vous sera connu que depuis très peu de temps. Il est donc nécessaire d'agir autrement.

Autre source d'informations à exploiter : l'entreprise elle-même. Si celle-ci est proche, allez sur place demander une plaquette de présentation, éventuellement le dernier rapport annuel.
Vous pouvez également joindre par téléphone les services communication ou relations publiques quand l'entreprise en dispose (en général les entreprises dont l'effectif est supérieur à 200 personnes

ou celles plus petites qui communiquent beaucoup), voire le service publicité-promotion.
Vous pouvez également contacter la rédaction de certaines publications, journaux ou revues professionnelles.
Sur ce point, vous aurez intérêt à vous renseigner à l'avance sur la nature des informations que chacun peut vous fournir. Le jour venu, votre démarche n'en sera que plus efficace. Procurez-vous les numéros spéciaux annuels comme celui du « *Palmarès des 1 000 premières entreprises françaises* » édité par *L'Expansion*. Si vous n'avez pas le dernier en date, vous pourrez l'acquérir directement auprès de l'éditeur, soit en le commandant par courrier, soit en vous rendant sur place.
Quant aux informations financières, de nombreux services télématiques permettent d'obtenir rapidement le bilan des sociétés françaises.

Bon à savoir : vous pourrez rencontrer quelques difficultés si l'entreprise a une raison sociale différente de son nom commercial. Dans ce cas, une recherche rapide est pratiquement impossible.

Vous trouverez par ailleurs des informations sur le chiffre d'affaires, les effectifs, le capital social et la forme juridique, le nom et la fonction des dirigeants et des principaux responsables de très nombreuses entreprises, sur des annuaires spécialisés tels Kompass ou Bottin Entreprises. Ces annuaires sont onéreux, mais vous pouvez les consulter à l'ANPE ou à l'APEC où ils sont libres d'accès. Dans certains cas, vous pouvez les consulter dans votre mairie.

Cette information préalable est nécessaire pour étayer votre entretien même en réponse à une annonce. Elle est tout particulièrement déterminante quand vous adressez des candidatures spontanées directement aux entreprises. C'est votre seul moyen de déterminer *a priori* la personnalité de l'entreprise et, par conséquent, la nature de l'intérêt que vous lui portez. On sera toujours curieux de savoir pourquoi vous vous êtes adressé à cette entreprise plutôt qu'à sa concurrente.

Même si cette recherche d'information est longue et fastidieuse, soyez convaincu qu'elle est rentable.

Au cas où vous ne parviendriez pas à rassembler de l'information sur l'entreprise, élargissez votre recherche à son secteur, son métier ; les évolutions récentes de son marché et ses perspectives.

La lecture de la presse économique, les revues spécialisées, les émissions radio et télévision sont de précieuses sources d'information à cet égard.
C'est également vrai pour le cas d'une entreprise de petite taille.

LE NIVEAU D'INFORMATION UTILE

1. Postes opérationnels (fonctions de bases)
Quel que soit le niveau et la nature du poste, le domaine d'activité de l'entreprise et les effectifs sont un minimum à connaître.
Le tableau indique, pour chaque type de fonction, les informations supplémentaires qu'il est intéressant de réunir.

Administratif	Particularités sur l'activité (saisonnalité/exigence de qualité de service...)
Comptabilité	Forme juridique, capital social, dirigeants, bilan, appartenance à un groupe étranger, logiciels de comptabilité les plus courants et les plus récents sur le marché.
Production/chantiers	Type de produits fabriqués ou construits, contraintes spécifiques (sécurité, environnement, denrées périssables...), les nouvelles technologies disponibles.
Achats/ approvisionnements	Nature technique ou non des produits à acheter, achats pour la production ou en produits finis, principales zones d'approvisionnement pour les produits de l'entreprise, les logiciels d'approvisionnement disponibles sur le marché.
Service commercial	Nature des produits comercialisés, clientèle professionnelle ou particulière, vente de produits ou de services, vente directe par correspondance ou par un réseau commercial, logiciels de suivi de clientèle, logiciels de traitements de texte.
Commercial/technico-commercial	Type de produits ou de services, informations sur le marché concerné, mode de commercialisation, chiffre d'affaires, image sur le marché, principaux concurrents, notoriété de l'entreprise...
Secrétariat	Responsabilité ou niveau hiérarchique de la personne qui recrute, niveau de relation à assurer, contacts avec l'étranger ou non, logiciels de traitement de texte les plus récents et les plus courants.

Juridique	Appartenance à un groupe, origine du groupe, nature des produits ou services, relations internationales ou non, capital social, forme juridique, principaux dirigeants.
Expédition/stockage/ manutention/ transport	Expéditions à l'export ou non, nature du matériel, matériels lourds ou encombrants, produits périssables ou autres, matériels de manutention existant sur le marché...
Techniciens toutes spécialités	Contraintes particulières dues à l'activité de l'entreprise (sécurité, saisonnalité, produits périssables, haute technologie...), les techniques nouvelles dans la spécialité du candidat.

2. Postes de maîtrise ou cadres
La carte d'identité complète de l'entreprise – activité, forme juridique, capital social, nom des dirigeants, appartenance à un groupe, origine du groupe, effectifs de l'entreprise, chiffre d'affaires – est l'information minimale nécessaire, quel que soit le métier du candidat. Selon votre spécialité professionnelle, complétez votre information de la façon suivante.

Administratif	Type d'équipement informatique, contraintes particulières dues à l'activité de l'entreprise, rapidité de service, saisonnalité, type de clientèle (particulière, entreprises, distributeurs, export).
Commercial	Marché de l'entreprise, évolution et perspectives de ce marché, chiffre d'affaires de l'entreprise et son évolution. Comparaison de l'évolution de l'entreprise avec celle du marché. Type de clientèle et de commercialisation, principaux concurrents. Part de l'activité à l'export. Résultats de l'entreprise. Principaux clients.
Comptable/financier/ gestion	Evolution du chiffre d'affaires et du résultat de l'entreprise, bilans. Ratios de rentabilité de la profession. Présence en bourse, prix du titre. Principaux actionnaires.
Juridique	Nature des produits, des biens ou des services fournis. Type de clientèle. Mode de fonctionnement des groupes de la même origine. Principaux actionnaires, présence en bourse, prix du titre.

Technique et production	Degré de performance de la profession dans ce domaine d'activité, contraintes nécessaires à l'obtention du niveau de qualité. Technologies et matériels d'étude ou de production offerts par le marché.
Logistique/organisation/ transport	Contraintes liées au produit fini (fragilité, périssable, grand volume unitaire...). Contraintes liées aux produits et fournitures destinés à la production. Nature de la clientèle (particuliers, industriels, commerçants, distributeurs). Différentes implantations des sites de production et de livraison.

Affûtez vos arguments

Une nouvelle lecture de l'annonce et de votre lettre de motivation vous permettra de vous remettre en tête les différents paramètres de l'offre et les arguments que vous avez utilisés.
Comment allez-vous développer les arguments qui vous ont permis d'obtenir cet entretien ?
Quels sont ceux qui ont le plus intéressé le recruteur et comment agir lors de l'entretien pour le savoir ? De quels arguments supplémentaires disposez-vous encore et comment pourrez-vous les utiliser au mieux s'ils s'avèrent nécessaires ?
Quelle attitude et quels comportements mettre en relief pour que votre prestation confirme et renforce les premières impressions positives du recruteur ?
Notez le résultat de vos réflexions : elles seront plus précises et vous les retiendrez mieux.
Cette étape de votre préparation vous permet de définir la colonne vertébrale de votre argumentation, de dégager sa ligne de force.

QU'EST-CE QU'UN ARGUMENT ?

Un argument est un atout personnel qui correspond à une véritable attente de votre interlocuteur.
Avoir une maîtrise de droit est un véritable argument pour quelqu'un qui veut entrer chez un conseil juridique. Mais la possession de ce diplôme n'a plus valeur d'argument quand il s'agit d'un poste technique ou commercial. Cela reste un atout personnel, mais un atout qui n'a plus aucun poids pour obtenir l'un de ces deux postes.

Argumenter, c'est d'abord déterminer les attentes d'un interlocuteur (c'est un client, avec ses besoins), pour choisir, dans vos atouts personnels, ceux qui correspondent à ce qui intéresse REELLEMENT l'interlocuteur.

Exprimez vos arguments sous forme d'avantages concrets pour votre « client », ils seront mieux entendus, donc plus efficaces.
Exemple :
« *J'ai assuré pendant 6 mois, sans aucune préparation particulière, l'étude et la réalisation d'un prototype de machine de conditionnement automatique. L'entreprise a décidé, depuis, d'en fabriquer dix exemplaires* ».
Cette déclaration est un réel argument si vous postulez à un poste d'ingénieur d'études mécaniques.
Pour que votre interlocuteur voie encore mieux en quoi il y trouvera un bénéfice, vous pouvez compléter votre propos par une phrase du type :
« *Cela m'a permis d'affiner mon aptitude à définir un cahier des charges et j'ai appris à coordonner l'action des différents sous traitants en respectant les délais* ». Sous-entendu : « *vous voyez, je correspond bien aux impératifs de créativité, de méthode et d'organisation que vous recherchez !* »

Votre interlocuteur visualise directement l'intérêt que votre candidature présente par rapport à ses besoins.

Le cas de la candidature spontanée

Malgré les informations que vous aurez pu recueillir sur l'entreprise avant de lui adresser votre dossier, vous ne pouvez savoir, à l'avance, le contenu du poste qui pourrait vous être proposé. Il faut donc considérer, le jour où l'on vous propose un entretien, que ce premier contact est avant tout une occasion de mener une première investigation réelle, un échange d'informations en même temps qu'une occasion de « vendre » votre candidature.
Préparez une série de questions sur l'entreprise, sur le service qui pourrait vous accueillir, sur la période à laquelle le responsable envisage un recrutement, quel pourrait être le profil de la fonction...
Surtout, préparez-vous précisémment pour exposer vos motivations pour l'entreprise d'une manière convaincante.

Soyez prêt à parler avec précision :
• de ce qu'était votre projet lorsque vous avez contacté l'entreprise,
• des caractéristiques du poste que vous recherchez,
• des autres fonctions que vous pouvez remplir en donnant complète satisfaction,
• les raisons précises de ce que vous avancez, des exemples de CDD, de stages représentatifs...,
• des données chiffrées ou évaluées de vos réalisations,
• de vos compétences spécifiques qui vous permettent de croire que l'entreprise tirera avantage à vous employer,
• de vos ambitions professionnelles et salariales...

Comme dans les entretiens en réponse aux annonces, vous utiliserez ces atouts personnels après avoir provoqué une information suffisante de la part de votre interlocuteur pour cerner les attentes potentielles, le niveau de possibilités financières et d'évolution professionnelle au sein de l'entreprise.

Préparez-vous à répondre aux objections

En vous recevant, l'objectif du recruteur est de confirmer la première impression laissée par votre dossier. Il sera certainement amené à pointer une ou plusieurs faiblesses.
Alors, plutôt que d'être surpris, voire désarçonné, préparez-vous à en parler, tranquillement, mais efficacement. A la remarque :
« *Votre expérience est encore bien courte !* »
Votre réponse pourrait être :
« *On peut effectivement le voir comme cela, Monsieur Dumas, mais convenez que celle dont nous venons de parler est particulièrement riche.* »
Cette anticipation et cette préparation préalable vous permettront de vous sentir plus à l'aise dans l'entretien.
Vous ne pouvez pas imaginer toutes les objections de votre interlocuteur, mais une analyse précise vous permettra de repérer les principales.
• Identifiez les écarts plus ou moins sensibles de votre profil par rapport aux critères annoncés ou suggérés par l'offre (formation, expérience, compétences, personnalité).
• Listez-les et cherchez des réponses uniquement à ces points-là.
• Attachez-vous aux idées pour parer l'objection et non aux mots pour exprimer ces idées.
• Notez-les sur une fiche, dans un carnet ou dans le dossier de ce

recrutement afin de pouvoir les relire en cas de besoin (pas devant votre recruteur, évidemment).
• Après l'entretien, efforcez-vous d'apprécier l'impact de vos réponses. Si vous avez le sentiment qu'elles ont été efficaces, conservez-les précieusement, elles serviront telles quelles à la prochaine occasion. Sinon, cherchez autre chose de plus performant.
• N'oubliez pas de noter les objections qui vous ont été faites et pour lesquelles vous n'étiez pas préparé. Il faudra également leur trouver des réponses suffisamment convaincantes.

Adaptez-vous au profil du recruteur

Il est toujours utile de connaître à l'avance le statut de la personne qui va vous recevoir en entretien. Rien de plus facile à obtenir :
• soit la qualité de la personne figure sur le courrier que vous avez reçu,
• soit vous posez la question au moment de la proposition de rendez-vous à sa secrétaire : elle vous indiquera sa responsabilité dans l'entreprise.

Bon à savoir : vous trouverez dans le tableau qui suit les différentes attitudes les plus payantes pour vous, selon le type d'interlocuteur que vous allez rencontrer.

Type d'interlocuteur	Caractéristiques	Attitudes/ comportements/techniques du candidat
Un cadre dirigeant	•Pressé / rapide •Pouvoir de décision •S'intéresse à l'essentiel •« Vend » son entreprise aux candidats •Veille au respect des valeurs de l'entreprise	•Propos précis •Phrases courtes •Questionner sur l'entreprise/ sur les objectifs/sur les points forts/ sur ce qu'il attend de ses collaborateurs •Parler de vos motivations pour l'entreprise/de vos ambitions •Parler de ce que vous connaissez de l'entreprise et solliciter des compléments •Etre prêt à faire une présentation synthétique de votre candidature •Veiller à la cohérence des informations •Démontrer des capacités d'évolution •Lui demander son opinion sur cet entretien
Un chef de service	•Expertise professionnelle •Volonté de cohérence avec son équipe •Recherche qualité d'autonomie •Veille à intégrer des gens adaptés à son mode de management	•Parler des expériences les plus significatives (stages, emplois) en rapport avec la fonction •Parler de vos intérêts majeurs pour ce métier •Dire comment vous souhaitez y évoluer •Demandez quelles qualités il recherche chez un collaborateur •Comment envisage-t-il sa relation avec son équipe ? •Si vous découvrez un intérêt commun, quel que soit le domaine, incitez votre interlocuteur à en parler. Utiliser des termes propres à votre métier ou à la spécialité à laquelle vous postulez. Parler métier. Faites référence à des termes propres à la spécialité de l'entreprise.

Un directeur des ressources humaines	•Veille à la cohérence avec la dynamique de l'entreprise •S'assure du style de management du candidat •Vend l'image de l'entreprise	•Parler de vos valeurs professionnelles et perso •Développer vos idées sur la façon de motiver une équipe •Evoquer vos informations sur l'entreprise et demander à ce qu'elles soient complétées •Parler de vos motivations personnelles, de vos ambitions •Renseignez vous sur le projet d'entreprise •Assurez vous de la politique de formation
Le chargé de recrutement	•Non décisionnaire •Attitude d'analyste impartial •Veille au respect du profil de poste défini •N'est pas un spécialiste de la fonction proposée	•Demander ce qui l'a spécialement intéressé dans votre candidature •Etre prêt à argumenter sur les points faibles de votre dossier •Parler de vos motivations et de l'intérêt que présente ce poste dans votre projet professionnel •Vous renseigner sur le service qui recrute et le style du chef de service •Ne pas prendre l'initiative de parler technique du métier
Un petit patron	•N'a pas de collaborateurs pour le conseiller •Connaît parfaitement les besoins de l'entreprise •Est particulièrement sensible à l'autonomie rapide et à la polyvalence •Se préoccupe de la compatibilité des caractères dans son entreprise •Il est comme saint Thomas, il croit ce qu'il voit •Il est sensible à la dimension humaine et affective. •Décisionnaire •Craint l'erreur de choix	•De la simplicité dans le contact •Pas de mots compliqués ou académiques •Des propos concrets, des exemples •Se renseigner sur les points forts de l'entreprise, sur ses projets •Demander à visiter les lieux, notamment la production •Demander comment il voit concrètement le poste et son évolution •Ne pas marquer une forte ambition à courte échéance •Montrer des capacités à se perfectionner sur le terrain •Eviter d'évoquer l'idée d'une politique de formation

	•Très près de chacun	•Ne pas évoquer de locutions telles : projet d'entreprise, style de management, stratégie de communication... •Illustrer votre esprit d'équipe par des exemples concrets puisés dans le cadre de vos études, de vos stages ou d'un premier poste. Parler technique du métier. Utiliser des termes propres à votre métier et à la spécialité de l'entreprise.
Le consultant extérieur	•Conseil de l'entreprise •Plus de pouvoir réel que le chargé de recrutement •Doit veiller à la qualité de ses conclusions •La dimension affective n'a pas sa place •Dispose de tous les outils d'analyse •Connaît bien la technicité des postes •Veille à la compatibilité psychologique entre les candidats et l'employeur	•Soyez vous-même. Ne cherchez pas à tricher ou en faire trop •Informez- vous sur l'entreprise, sur les hommes en place •Raisonnez et agissez en professionnel •Jouez votre carte à fond : si vous n'êtes pas retenu, vous pourrez intéresser le consultant pour un autre poste •Demandez l'avis du consultant sur l'entretien, sur son pronostic •Faites-vous préciser ce qui lui paraît positif et ce qui joue contre vous. •Utilisez et complétez l'information dont vous disposez sur l'entreprise •Jouez la solidité de votre projet professionnel

N'oubliez pas votre collection de mots-clés

Ce sont des mots qui ouvrent les yeux et les oreilles de votre interlocuteur. Si vous parlez de compétitivité, de productivité, de responsabilité, d'autonomie personnelle à un employeur, il vous comprend : vous parlez sa langue. Vous êtes en phase avec son univers quotidien. Dans la pratique, cela signifie que votre propos gagne en force de conviction si vous utilisez à bon escient ces mots-clés pour exprimer vos arguments. Vous donnez un surcroît de muscle à votre message.

Ces mots-clés sont à rechercher sur deux registres principaux et complémentaires :
- celui du monde de l'entreprise en général,
- celui de la fonction concernée.

Toutes les entreprises doivent faire face aux mêmes impératifs pour se développer, perdurer ou simplement survivre. Même des entités au statut particulier comme l'administration publique, les entreprises de service public (EDF, SNCF...) ou les collectivités locales se reconnaissent dans ces termes.
C'est pourquoi il est important de les prendre en compte dès votre premier contact. Vous y ferez appel fréquemment au cours de l'entretien. C'est une démonstration de votre adaptation. En eux-mêmes, ces termes représentent d'ailleurs des pistes d'argumentation. A la condition toutefois qu'ils ne soient pas artificiels, c'est-à-dire bâtis à partir d'un mot-clé pour la circonstance. Ils doivent correspondre à votre vision des choses ou à la réalité que vous voulez exprimer pour être intégrés dans votre collection personnelle.

Des mots qui marchent dans l'entreprise (liste non exhaustive)

agir
s'adapter
anticiper
autonomie
budget
communication
partenaire/partenariat
performance
réussir
rigueur
savoir
potentiel
pragmatisme
donner du sens
sens de l'écoute
excellence
externalisation
stratégie
productivité
progression
gisement de productivité
homme de terrain
mondialisation
négocier
objectifs
optimiser
challenge
organiser
ressources humaines
résultats
déléguer
développer
dialogue
savoir-faire
savoir-être
efficacité
équipe/esprit d'équipe
prévoir
finalité
flexibilité
synergie
système
projet
projet d'entreprise
réaliser
réduction des coûts
relationnel
rentabiliser
opérationnel
croissance
culture d'entreprise
défi
planifier
positiver
disponibilité
dynamisme
écoute
prendre en charge
service
sociabilité
prévision
gagner
gérer
gestion des hommes
ténacité
transfert de compétences

interactif
s'identifier à l'entreprise
projet professionnel
valeur ajoutée
innovation
proposition
valeurs (personnelles et d'entreprise)
s'investir
management
qualité
vendre
rationalisation
marché européen/marché unique
réactivité
vision globale
mobilité
réaliser
mobiliser
réseau
motivation

Les mots-clés des fonctions

Ce sont les termes qui ont trait à la technique du métier et aux comportements professionnels correspondants. Ils habillent votre argumentation et montrent que vous êtes « du métier ». Certains recouperont inévitablement les mots-clés du monde de l'entreprise, de portée plus générale.

Vous devez veiller à établir une liste aussi complète que possible de ces « sésames ».

A titre d'exemple, voici la liste qui peut être établie pour un poste de contrôleur de gestion :

Termes techniques significatifs	Attitudes personnelles (registre de la façon d'être)	Comportements professionnels (registre des actes)	Intellect et traits de personnalité
• analyse des écarts • audits • budgets • comptabilité analytique • comptabilité anglo-saxonne • consolidation • contrôle • gestion • forecast • progiciels... • outils de pilotage • performance • procédures • productivité • gisements de productivité • ratios • recommandations d'action • rentabilité • reporting • tableaux de bord • tableurs	• sens de l'analyse • sens du résultat • homme (femme) de réflexion • esprit constructif • sens de la responsabilité • objectivité • homme (femme) d'action	• autonomie • disponibilité • travail en équipe • force de travail • respect des objectifs • pertinence d'analyse • rôle de conseil	• précision • rigueur • goût des chiffres • organisation • méthode • discernement • bon relationnel

Des détails révélateurs

Malgré l'information que vous aurez pu réunir sur l'entreprise, elle sera toujours insuffisante pour vous faire une idée exacte de la manière dont celle-ci fonctionne. Une grosse entreprise n'offre pas forcément un gage de professionnalisme accompli à tous les niveaux. Quant aux cabinets, il y en a d'importants, d'autres qui le sont moins et des consultants qui travaillent seuls ou presque. Là aussi, le professionnalisme peut être inégal.

La manière dont vous êtes convié à l'entretien est, en général, très révélatrice de l'état d'esprit et du climat de l'entreprise.
Elle donne aussi souvent des indices intéressants quant à votre interlocuteur.

Exemple

• Vous recevez une proposition de rendez-vous sur un magnifique papier pastel ou gris clair filigrané : vous pouvez être certain que vous rencontrerez une personne « importante » pour qui l'image est une valeur de premier plan. Alors, veillez particulièrement à la vôtre.
• Si cette proposition de rendez-vous est à une semaine ou plus, vous avez la confirmation que vous avez affaire à un homme très occupé qui travaille avec méthode et pondération. Evitez surtout d'être en retard, n'oubliez pas les documents dont vous aurez besoin, soyez précis et documenté dans vos informations.
• On vous précise les conditions de l'entretien, sa durée probable, le nom des différentes personnes que vous rencontrerez : cela démontre un comportement très professionnel. Il s'agit d'une entreprise (ou d'un cabinet) qui respecte ses candidats. Une entreprise où l'échange sera très équilibré, l'information volontiers communiquée. C'est-à-dire une entreprise où les rapports sont basés sur la transparence. Vous n'aurez probablement aucune difficulté à obtenir les informations qui vous manquent.
• En général, vous serez contacté par téléphone, voire par télégramme : à moins que l'on vous fixe un rendez-vous pour le lendemain, vous ne pourrez y voir que la marque d'un procédé couramment retenu pour son efficacité. Si c'est votre futur interlocuteur qui vous contacte personnellement, c'est soit le signe qu'il travaille dans une très petite structure, soit qu'il traite son recrutement sans partage.
L'endroit du rendez-vous est également très indicatif. Pour des postes commerciaux, il est courant que le premier entretien soit organisé dans un hôtel ou dans un centre d'affaires quand l'entreprise est d'une autre région.
En revanche, pour toutes les autres fonctions, il ne saurait être question d'un autre lieu que l'entreprise ou que les locaux d'un cabinet.
Un directeur d'entreprise qui voudrait utiliser son passage à Paris pour rencontrer un candidat à son hôtel, pour un poste d'analyste-programmeur, montrerait le peu de cas qu'il fait des conditions dans lesquelles le candidat pourra défendre sa candidature. Cet

état d'esprit aura certainement déteint sur les relations professionnelles quotidiennes de l'entreprise.

Un coup de téléphone qui rapporte...

Vous serez toujours convié à confirmer votre accord par téléphone. Sans jouer les divas, vous ne serez pourtant pas forcément libre au jour et à l'heure fixés. Vous serez donc amené à convenir d'un autre rendez-vous, 24 heures ou 48 heures après (pas davantage). Ou simplement à en déplacer l'heure. Rappelons que vous devez avoir le temps de préparer cet entretien. Donc, ne vous laissez pas enfermer dans une impossibilité. Vous avez besoin de tout votre équilibre pour aborder cet entretien et tout ce qui vous « mettrait la pression » doit être écarté sans état d'âme.
Tenez également compte de vos rythmes biologiques personnels. Certains sont « du matin », d'autres, quelle que soit leur bonne volonté, ne sont jamais vraiment réveillés avant 10 heures.
Vous avez besoin des 100 % de vos capacités. Alors faites placer l'heure du rendez-vous à un moment de la journée qui vous est le plus favorable, quitte à le faire déplacer de 24 heures. Attention cependant à la raison que vous invoquerez. N'entrez pas dans les détails. Et puis, pourquoi ne pas en profiter, au moment où vous aurez la secrétaire, pour compléter votre information sur la personne qui vous recevra, sur le déroulement prévu, sur le temps que vous devez envisager...

Préparez vos questions

Il est frappant de constater, au cours des entretiens, à quel point les candidats sont désarçonnés quand on leur demande s'ils ont des questions à poser. Pour la plupart, ils n'ont visiblement pas imaginé d'avoir à se manifester autrement qu'en répondant aux questions du recruteur.
Or, participer activement à l'entretien est une attitude normale et particulièrement bénéfique.
Il est nécessaire, au moment de la préparation, de recenser les questions pour lesquelles vous avez besoin de réponses.
Attention cependant à ne pas vous transformer en enquêteur. Une vingtaine de questions réparties sur l'ensemble de l'entretien, à des moments opportuns, est à considérer comme un maximum.

Ces questions peuvent porter sur plusieurs sujets

L'entreprise elle-même

Pour complétez votre information sur le marché, les produits et services proposés, l'importance de l'entreprise (chiffre d'affaires, effectifs), ses particularités sur le marché, ses points forts, ses ambitions, son appartenance à un groupe...

Demandez une plaquette commerciale ou, ce qui serait encore mieux, un rapport annuel d'activité si vous briguez un poste d'encadrement. A noter que ce dernier document, en général assez important, est plutôt remis à un stade avancé du recrutement plutôt qu'en premier entretien. Il n'existe pas quand il s'agit d'une petite entreprise.

Le poste et son environnement

L'entretien est le moment privilégié pour en savoir plus sur le poste. Certains recruteurs ont préparé un profil écrit qui vous sera remis soit spontanément, soit sur votre demande.

Dans une majorité de cas, ces informations vous seront communiquées oralement.

• Faites-vous préciser ce qui vous manque pour éclairer certains points particuliers.

• Demandez à ce que l'on vous précise les limites des responsabilités.

• Les relations hiérarchiques et les relations fonctionnelles : autres services internes, sous traitants ou fournisseurs par exemple.

• Quelles sont les contraintes particulières ?

• Quel est le climat de l'entreprise, du service ?

• Est-ce une création de poste ou un remplacement ?

• Quel était le profil du prédécesseur ?

• Pourquoi est-il parti ?

Les objectifs

C'est un point qui n'est pas souvent soulevé, ni par le recruteur, ni par les candidats. C'est pourtant fondamental pour bien comprendre la manière dont il faudra prendre les choses et, par voie de conséquence, les motivations, les aptitudes et les qualités nécessaires.

N'hésitez pas à poser des questions telles :

Qu'attendez-vous du titulaire de ce poste sous un an... à trois ans ?

Quelles seront ses priorités ?

Quels sont les moyens mis à disposition ?

Comment seront évalués les résultats ? Etc.

Des questions à ne pas poser
Quels sont les horaires de l'entreprise ?
Y a-t-il un système de pointage ?
Peut-on travailler en horaires libres ?
Quels sont les avantages particuliers offerts par l'entreprise ?
Où prend-on ses repas ?
Vous êtes loin de chez moi, participez-vous aux frais de déplacements ?
A quel moment prend-on les congés ?
Quelle est la durée des congés ?
J'ai prévu une semaine de vacances, pourrai-je la prendre si je suis engagé ?
Serai-je seul dans un bureau ?
Que puis-je espérer avoir comme promotion dans les prochaines années ?
Quelles sont les augmentations de salaire chaque année ?
Y-a-t-il un syndicat dans l'entreprise ?
Combien y-a-t-il de candidats ?...

Le recruteur ne verra jamais d'un mauvais oeil que vous lui posiez de bonnes questions, bien au contraire.
Mais retenez qu'il en tirera toujours des indications utiles pour étayer son opinion.
Il se fera une idée de vous en évaluant l'intérêt intrinsèque des questions que vous lui posez.
Il s'interrogera également sur votre intention et vos motivations et, dans certains cas, vous interrogera à son tour là-dessus.
Donc n'abusez pas. Ne posez pas des questions simplement pour le plaisir ou pour meubler la conversation.
Vos questions doivent avoir leur utilité. Veillez à ce qu'elles participent à une image positive, solide et adaptée de votre candidature.
Toutes les questions de détail, superficielles, voire maladroites doivent être implacablement éliminées. Elles cassent la bonne impression que vous pourrez avoir donné par ailleurs et risquent de vous disqualifier.

Parlons attaché-case

On ne peut jamais savoir exactement comment va se dérouler un entretien et quelles sont les personnes que l'on va vraiment rencontrer.
• Prévoyez quelques CV et une photocopie de vos diplômes,
• une photocopie de vos certificats de travail, quelle que soit la durée des périodes travaillées,

• une photocopie de vos rapports de stages et des appréciations de vos tuteurs.
Surtout, prenez le dossier que vous aurez constitué sur l'offre en cours dans lequel vous aurez réuni :
• votre lettre de candidature,
• l'annonce à laquelle vous avez répondu,
• les informations recueillies sur l'entreprise,
• les éventuels courriers ou télégrammes que vous avez reçus.
N'oubliez pas d'y joindre vos notes de préparation d'entretien si vous voulez y jeter un coup d'œil, le cas échéant, avant de rencontrer votre interlocuteur.
Ajoutez un « bloc direction » pour prendre quelques notes, un agenda pour consigner vos rendez-vous et un stylo.

Petits conseils pratiques
• Etablissez une liste type de tout ce dont vous avez besoin lorsque vous vous rendez à un entretien.
• Agraffez cette liste à l'intérieur de la couverture de votre dossier « rendez-vous ». Si vous vous levez un peu trop tard ce jour-là, il vous sera plus facile de ne rien oublier.
• Quant au bloc direction, choisissez le format 210x297, quadrillé 5 millimètres.
Evitez absolument les formats plus petits qui donnent une image « petit bricoleur ».
Prenez la précaution de détacher quelques feuilles de votre bloc lorsqu'il est neuf et repliez une ou deux fois la couverture avant de le mettre dans votre attaché-case.
Vous éviterez ainsi l'impression « rentrée des classes ».
• Classez vos différents documents afin de les retrouver instantanément quand vous les recherchez. Il serait dommage de donner l'impression que vous êtes mal organisé.
• Mettez le tout dans une sacoche de bon aloi ou un attaché-case. Vous pouvez aussi choisir une chemise cartonnée à rabats, suffisamment solide toutefois pour résister à une averse éventuelle.
• Inutile de vous préciser que vous devez proscrire la formule du sac fourre-tout ou le mini sac à dos !...

Des jeux de rôle pour vous affirmer

Si vous avez un petit trac à la perspective de vos premiers entretiens ou, tout simplement, si vous voulez rôder certaines de vos interventions, entraînez-vous en simulant des entretiens avec l'un de vos amis ou parents.

Facile à réaliser aujourd'hui au plan du matériel (vous avez besoin d'un camescope et d'un téléviseur), ce type d'entraînement vous permet de créer, les premiers moments passés, une situation assez proche des conditions de la réalité.
Vous pouvez ainsi travailler vos attitudes corporelles, détecter des tics de parole ou de gestes, des façons d'être dans l'entretien.
Ces jeux de rôle permettent également d'apprécier l'impact de vos interventions, de percevoir, *via* les réactions de votre interlocuteur, comment elles peuvent être ressenties et font réagir... Cette technique, malgré ses limites, a un énorme avantage : celui de vous voir et de vous entendre comme les autres vous voient et vous entendent !
Passé un petit moment d'hésitation, vous pouvez tirer un réel bénéfice de ce genre d'exercice.

PRÉPAREZ VOTRE SCÉNARIO

Pour réussir un exercice comme celui-ci, il suffit de réunir deux ou trois partenaires prêts à jouer leur rôle sérieusement :
- l'un sera le recruteur,
- l'autre un observateur discret et muet pendant l'entretien,
- un troisième s'occupera du camescope.

• Il est souhaitable que le « recruteur » ait déja passé quelques entretiens pour avoir en tête certaines réactions qu'il pourra reprendre à son compte.
• Ensuite, travailler sur une vraie situation (une candidature en cours). Celui qui tient le rôle du recruteur doit être mis en possession de l'annonce, du CV et de la lettre de motivation.
• Les deux protagonistes doivent se donner le temps de préparer leur intervention, chacun de leur côté (une demi-heure ou plus si nécessaire).
• Le recruteur devra préparer une courte description de poste en rapport avec l'annonce, document qui lui servira de référence pour travailler pendant l'entretien.
• On tourne et on enregistre. Simulez la scène depuis votre entrée dans le bureau jusqu'à la sortie.
• Après enregistrement, et avant de regarder la cassette, tous les participants donneront leurs réactions à chaud, leurs sentiments, leurs commentaires, en commençant par le candidat et en terminant par l'observateur, s'il y en a un.
• Puis visionnez la bande. Echangez vos idées, tirez-en les enseignements praticables pour une prochaine fois.

---

2. Préparez-vous mentalement

La veillée d'armes

Si votre entretien est prévu le lendemain matin, prenez quelques précautions pour mettre toutes les chances de votre côté.
En premier lieu, vérifiez la localisation de l'adresse où vous devez vous rendre, les horaires de train, la proximité par rapport à une station de métro si l'entretien se déroule à Paris.
Si vous avez rendez-vous dans une entreprise en zone d'activité industrielle, redoublez de vigilance : elles ne sont pas toujours faciles à localiser, de même que les entreprises qui y sont implantées. N'oubliez pas que beaucoup d'entre elles ne sont accessibles qu'en voiture. Donc, prenez vos précautions. Inutile d'arriver à cran devant votre recruteur !
Prenez également le temps de passer en revue, mentalement, les moments caractéristiques de ce prochain entretien et ce qui l'entoure.

Par exemple
- A l'arrivée dans les locaux comment allez-vous vous présenter ?
- A qui allez-vous vous adresser s'il n'y a personne dans le hall d'entrée ?
- Allez-vous vous asseoir, dans le hall ou dans le couloir en attendant votre interlocuteur, si on ne vous y invite pas ?
- Combien de temps attendrez-vous sans réagir s'il a du retard et que direz-vous ?
- Qu'allez-vous faire en attendant ?
- Quand votre recruteur vous invitera à entrer dans son bureau, comment vous comporterez-vous ?

Essayez de vous voir en situation, regardez-vous agir, écoutez-vous poser des questions...
En un mot, faites comme si vous y étiez.
Repassez en revue les caractéristiques du profil de votre interlocuteur et les attitudes et comportements les mieux adaptés à ce type de recruteur.

Ce moment de concentration vous permettra de mieux mobiliser vos moyens, le moment venu. Vous vous sentirez prêt quelques heures avant votre entretien et vous serez d'autant plus efficace en situation. Vous n'aurez pas à vous interroger sur ce que vous devez faire ou ne pas faire. A ce moment-là vous devez être intégralement disponible pour écouter, ressentir et réagir opportunément.

Dans ces moments de préparation, entourez-vous plutôt de gens positifs, écoutez de la musique qui vous plaît et qui incite à l'optimisme. Mettez-vous à l'abri de toute situation susceptible de générer des tensions ou des conflits.
Utilisez les mêmes techniques de visualisation que les skieurs avant le départ d'une course. « Visualisez » toutes les étapes de votre entretien et imaginez votre satisfaction, à la fin, si cette rencontre est concluante.
C'est en vous mettant en position de réussite que vous réussirez, jamais l'inverse.
Mettez-vous dans la peau d'un gagnant.
Vous pourrez constater la force que cela vous donne et l'influence de cette attitude sur vos interlocuteurs.

Faites-vous la tête de l'emploi

C'est la veille, de préférence, que vous devrez aussi penser à votre tenue vestimentaire, pour ne pas avoir à vous poser la question juste avant votre départ.
La première image que vous donnerez de vous passera par votre physionomie et votre style vestimentaire. Elle doit correspondre aux codes attachés au poste et à l'entreprise.
Dès ce moment, vous devez adopter tout ce qui va être retenu comme des signes d'adaptation.
Vous n'aurez pas toujours, à l'avance, une idée précise du style de l'entreprise, mais il y a quand même des indices. Si l'entreprise est une société de services ou de distibution haut de gamme, même si vous ne postulez pas à un poste commercial, vous pouvez imaginer que le standard de la tenue vestimentaire est probablement de bon niveau. Mieux vaudra privilégier le costume cravate ou l'ensemble veste-pantalon pour les hommes et une tenue sobre et discrète pour les femmes.
Pas de jeans, de tee-shirts ou de blousons, qui seraient considérés comme déplacés dans ce genre d'entreprise, quel que soit le type de poste.
En revanche, si vous rencontrez une équipe de créatifs (publicité, mode, design...), vous aurez plus de latitude pour exprimer votre style personnel. On y aime, par nature, l'originalité et l'indépendance d'esprit. A condition de rester dans le bon goût.

Si vous postulez dans une entreprise de bâtiment ou de production mécanique, le style sera volontiers plus simple. Mais là encore, évitez la tenue de week-end, baskets ou bermuda. Le jeans-blouson pour les hommes, par exemple, sera facilement admis pour des postes opérationnels ou des emplois de techniciens.

La nature du poste influence aussi les choix vestimentaires.
S'il s'agit d'un poste de technicien de maintenance ou d'adjoint au chef de chantier, une tenue trop recherchée jouera contre vous. Une pochette en soie ou un costume trois pièces accompagné d'une paire de chaussures de luxe apparaîtraient « déplacé ». La tenue devra toujours être de bon aloi, sans laisser-aller.

Si vous êtes comptable, juriste, secrétaire..., quelle que soit l'entreprise, vous êtes automatiquement soumis à la règle de présentation classique, au moins le jour de l'entretien...
Quant aux postes commerciaux ou postes d'encadrement, cela va de soi, la présentation personnelle est capitale dès le premier entretien. La cravate et le veston sont un passage obligé pour les hommes, même en cas de canicule.
Les femmes ne pourront pas se permettre le bermuda ou la mini-jupe.
En résumé, l'entreprise d'aujourd'hui est toujours très classique. Mais c'est un classique qui se décline selon la personnalité de l'entreprise. Là encore, faites preuve d'adaptation à son style quand vous cherchez à la séduire.

Bon à savoir : sans rechercher l'élégance, il y a des fautes de goût et des erreurs qu'il vaut mieux éviter.
On peut citer dans le désordre :
• une cravate à fleurs sur une chemise à carreaux, des chaussettes blanches avec un pantalon noir, une veste rouge avec cravate noire et pantalon noir, le noeud papillon, un col de chemise ouvert, une cravate mal serrée...
• Pour vous, mesdemoiselles, veillez au maquillage qui doit rester « bonne mine mais discret ». Evitez les décolletés provocants, les jupes très courtes, les bas résilles comme les brodequins... Evitez les parfums trop ostentatoires.
• Ne raisonnez jamais en fonction de vos habitudes ou de ce que vous voyez autour de vous, mais par rapport à ce que s'attend à trouver l'entreprise. Un style « Neuilly-Passy » pourra plaire dans une agence de publicité, il ne passera pas chez un fabricant de roulements à billes.
• Si vous n'êtes pas sûr de vous, faites-vous conseiller sur le mariage des couleurs veste et jupe ou veste-pantalon.

• Plus l'âge de votre interlocuteur avance vers les « séniors », plus vous devez être « classique ».
• Quant à la cigarette, soyez vigilant au moins pour 2 raisons : d'abord, évitez de trop fumer juste avant de vous rendre à votre entretien, pour conserver les idées claires. Ensuite, veillez à ce que vos vêtements ne soient pas imprégnés de l'odeur de tabac. De plus en plus, les entreprises veillent à intégrer des gens qui ne fument pas. Les lois anti-tabagisme sont passées par là !
• Enfin il n'est pas besoin de rappeler que l'on ne se rend pas à un entretien avec les cheveux tirebouchonnés comme au sortir de la douche ou en mâchant du chewing-gum.

Veillez à donner une image professionnelle.

PARTIE IV

L'ENTRETIEN : LE JOUR LE PLUS LONG

Chaque entretien est une expérience particulière. L'issue de cette rencontre va décider d'une partie au moins de votre avenir professionnel.
Vous allez devoir être vous-même tout en ayant les yeux et l'esprit braqués sur ce qui va « plaire » à l'entreprise.
Vous allez devoir vendre votre candidature, alors que vous estimez peut-être n'avoir aucune disposition pour ce genre d'exercice. En somme, vous allez être obligé de vous dépasser pour convaincre alors que vous préféreriez, de loin, consacrer cette énergie à créer, à produire, à gérer, en un mot à travailler.
Pas étonnant, dans ces conditions, que l'appréhension soit à la hauteur des espoirs que l'on met dans chacune de ces rencontres.
Avant tout, l'issue d'un entretien n'est jamais certaine, à cause notamment de la multitude des variables qui interviennent dans la décision.
Mais si vous l'abordez bien préparé, vous constaterez que les difficultés s'applanissent d'elles-mêmes.

1. L'entrée en scène

Toute une série de détails qui pourraient paraître anodins dans d'autres circonstances vont être chargés d'une importance particulière au moment de l'entretien. Ils vont déterminer des réactions et des opinions *a priori* chez votre interlocuteur.
L'entretien commence dès que vous franchissez le seuil de l'entreprise.

Faut-il être en avance ?

Vous ne devez pas être en retard, cela c'est une certitude. Mais être trop en avance manifeste une propension à l'hyper-précaution. Cela atteste que vous ne vous laisserez pas prendre au dépourvu, ce qui est positif, mais aussi que vous avez peu de chances d'improviser le jour où vous serez devant des circonstances difficiles à maîtriser. Etre trop en avance suppose que vous attendiez et plus vous attendrez, plus vous risquez d'être mal à l'aise pour aborder le début de l'entretien. Enfin, si votre interlocuteur vous a fixé un horaire déterminé, il s'est organisé en conséquence et il ne vous recevra pas avant simplement parce que vous êtes déjà là.
Donc la réponse consiste à arriver cinq minutes avant l'heure fixée, quitte à attendre le temps nécessaire au café du coin.

Le premier contact avec le personnel d'accueil

Dans une entreprise, selon la taille, c'est une hôtesse d'accueil ou une secrétaire que vous allez rencontrer en premier. Dans un cabinet, c'est systématique.
Mais dans beaucoup de petites entreprises, ce poste d'accueil n'existe pas. C'est donc un peu au hasard, à la première personne que vous allez rencontrer que vous allez demander de vous orienter.
Dès ce moment-là, endossez votre rôle de candidat respectueux de lui-même et de ses interlocuteurs.
• Ayez une attitude souriante et mesurée (pas de plaisanteries et d'éclats de rire).
• Dites les paroles de civilité attendues, sans obséquiosité.
• Paraissez sûr de vous sans chercher à en imposer.
Ne sous-estimez pas l'impression qu'aura la première personne rencontrée. Dans bien des cas, elle aura l'occasion de faire une remarque sur ce visiteur. Il vaut mieux qu'elle soit favorable, même

si cette personne n'a pas officiellement voix au chapitre dans le processus de recrutement.
Tout le monde sait que la première impression est tenace.
Rappelez-vous cette règle : on évalue quelqu'un à quinze mètres et les vingt premières secondes d'un entretien sont déterminantes.

Ne donnez pas l'impression d'être trop sûre de vous avec, par exemple, des propos du genre « *Je suis mademoiselle Dubois, annoncez-moi à monsieur Duparc, il m'attend* ».
Dès vos premiers pas dans l'entreprise ou dans le cabinet, choisissez de vous faire des amis, plutôt que l'inverse.

L'attente

Que ce soit volontaire ou non de la part du recruteur, vous serez régulièrement placé devant la nécessité d'attendre avant que ne commence votre entretien. Dans certains cas, la secrétaire vous demandera de compléter un « questionnaire candidat » qui est un document administratif particulier à l'entreprise ou au cabinet qui vous reçoit.

Elle vous proposera peut-être un café. Il se peut aussi que l'on vous demande tout simplement de vous asseoir et d'attendre.
N'acceptez pas n'importe quelles conditions d'attente. En particulier, si les locaux sont exigus et qu'il n'y a pas de siège dans l'entrée, préférez rester debout dans l'entrée plutôt que d'accepter de vous asseoir dans le bureau de la secrétaire.
Remerciez-la de son invitation mais déclinez aimablement, en prétextant que vous venez d'être assis longtemps en voiture, que vous préférez attendre debout et ne pas déranger son travail.
Vous ne faites pas partie de l'entreprise et ceci doit être marqué.
Mais que faire en attendant d'être reçu ? Le plus efficace pour vous est d'essayer d'en apprendre le plus possible sur l'entreprise ou sur la personne qui doit vous recevoir. Demandez si vous pouvez disposer de la plaquette commerciale de l'entreprise ou le dernier rapport annuel (les résultats de l'exercice écoulé et les perspectives), si l'on peut vous remettre dès maintenant le profil de poste pour l'étudier en détail.

Vous pouvez en profiter également pour essayer d'obtenir auprès de la secrétaire quelques éléments d'information sur la personne qui va vous recevoir, ses responsabilités dans l'entreprise, la quantité de candidats conviés à l'entretien et, si possible, sur la pointe des pieds... les principaux traits de personnalité du recruteur.

Si vous n'avez pas suffisamment d'informations sur l'entreprise qui recrute, demandez-lui ce qu'elle peut vous apprendre de plus à ce sujet.
Il y a de nombreuses façon d'utiliser avec profit le temps d'attente tout en vous immergeant dans la situation.
Reste que, dans certains cas, l'attente peut se prolonger anormalement. Vous faire attendre plus de vingt à trente minutes après l'horaire fixé, sans vous informer de ce qui se passe, relève du manque de considération, pour ne pas dire de l'impolitesse. Pour peu que vous ayez un autre rendez-vous, vous allez commencer à être tendu, nerveux (c'est ce que recherche certains recruteurs pour des postes d'encadrement ou commerciaux). Vous allez vous lever, marcher quelques pas, vous rasseoir, regarder votre montre et... recommencer.
Quand vous en arrivez là, vous pouvez craindre que votre entretien se passe mal. Vous ne pouvez plus être en possession de tous vos moyens.
Il est normal que vous demandiez à la secrétaire si, à son avis, il y a une difficulté particulière, si elle a des informations sur l'heure à laquelle commencera effectivement votre rendez-vous. Pour l'inciter à relancer son patron, n'hésitez pas à passer régulièrement devant sa porte pour lui rappeler votre présence. Soyez sûr qu'elle n'y restera pas insensible.
Quoi qu'il en soit, il vous revient de jauger la situation et de prendre position. Si vous avez un autre rendez-vous derrière, vous pouvez demander l'autorisation d'appeler votre prochain recruteur pour vous assurer qu'un éventuel déplacement d'horaire est possible. Sinon, à vous de choisir.

2. Cette fois vous y êtes !

La prise de contact

La secrétaire vient à votre rencontre, elle ouvre la porte du bureau du recruteur... Vous y voilà !
C'est le premier contact avec la personne qui vous reçoit. Tout va aller très vite. Vous n'avez plus le temps de penser à ce que vous devez faire. Tous vos sens doivent être en éveil.
« *Bonjour mademoiselle, pardonnez-moi de vous avoir fait attendre...* »
Poignée de main, sourires de bienvenue, détendus ou convenus...
L'entretien ne va pas commencer instantanément. Ces premiers instants servent à « briser la glace ». C'est un moment d'échange sur des sujets anodins, simplement histoire d'assurer la liaison entre le monde extérieur dont vous venez et ce lieu où tout vous est étranger.

TEL HOMME, TELLE POIGNÉE DE MAIN...

Soyez attentif à la poignée de main que vous recevez.
Est-elle vigoureuse et franche ? Est-elle furtive, molle ou sèche et un peu contrainte ?
Soyez-sûr que votre hôte va « décoder » les mêmes choses chez vous. Vous avez là, et votre recruteur aussi, un premier indice sur le tempérament de la personne saluée. Quand la poignée de main est solide, sans brutalité, vous avez affaire à une personne dynamique, à l'aise, franche, ouverte. Vous pourrez donner libre cours à vos questions, le regarder ouvertement, prendre des initiatives pendant l'entretien, faire des remarques constructives. C'est un homme de dialogue et d'action.
Avec une poignée de main molle, rapide ou contrainte, vous pouvez avoir face à vous une personne timide, réservée, peu encline au dialogue, voire méfiante.
Une main moite est souvent le signe d'une personne assez angoissée. Ce sont souvent les mêmes personnes qui parleront sans vous regarder ou à mi-voix. Votre entretien n'aura pas la même tonalité. Face à ce genre de personne, veillez à vous adapter à son mode de fonctionnement. Si vous êtes plutôt du genre dynamique ou tonitruant, modérez-vous, ralentissez votre vitesse de parole et le niveau de votre voix, écoutez-la attentivement, sans insister pour la regarder dans les yeux si vous constatez qu'elle n'y tient pas. Certaines personnes supportent mal le regard des autres, évitez de les mettre mal à l'aise. Cela peut paraître paradoxal, mais c'est pourtant comme cela que vous obtiendrez la meilleure écoute de leur part. Il suffira que vous le regardiez de temps en temps, sans

appuyer trop votre regard, ou de le regarder plutôt entre les deux yeux, à la racine du nez.
Attention : attendez que l'on vous tende la main. N'en prenez pas l'initiative.

Quelques conseils

Ne soyez pas absent de ce court moment de dialogue personnel, mais ne vous laissez pas aller à n'importe quel propos. Le recruteur sait très bien que la situation encore informelle par rapport à l'entretien vous place en position de vulnérabilité. Vos réactions sont naturelles, non construites, il peut donc interpréter ce qui se passe à ce moment-là comme une expression de votre réalité.
Si vous avez préparé ce moment-là, il vous sera plus facile de réagir opportunément en ayant en tête certaines phrases toutes prêtes.
A la question classique :
« *Vous nous avez trouvés sans difficulté ?* » si vous répondez « *oui, je vous remercie* », c'est poli, mais peut-être un peu court. Vous ne participez pas vraiment à la construction d'un climat détendu.
Vous pouvez avoir en réserve des réponses du type :
« *Oui, je vous remercie, je connais bien la région ou le quartier* » ou « *Oui, je vous remercie, grâce aux indications précises que m'a fournies votre secrétaire, je n'ai pas eu la moindre hésitation* ».

• Si vous avez attendu un certain temps, n'en dites rien, attendez que le recruteur y fasse allusion.
Ne l'abordez surtout pas en lui disant « *combien de temps durera l'entretien, parce que j'ai un autre rendez-vous dans une heure et demie à l'autre bout de la ville* ».
Mais rien ne vous empêche, s'il l'évoque, de lui dire : « *Je comprends, votre emploi du temps est chargé. Pourrais-je vous demander tout-à-l'heure de téléphoner à mon prochain rendez-vous si je suis trop juste pour arriver à temps* » ?

Dans le cas où vous n'avez pas de contraintes particulières après cet entretien, il n'est pas forcément de bonne guerre de lui dire que vous n'avez rien d'autre à faire de particulier.
D'abord parce que cela n'est pas vrai : en recherche d'emploi, on est toujours pris à plein temps.
Ensuite, parce que l'on n'a jamais intérêt à laisser supposer qu'il en est autrement. Dans ce cas, donnez une réponse du genre « *J'avais pris mes dispositions pour avoir de la latitude, je suis donc totale-*

ment disponible pour cet entretien. En revanche, il faudrait que je puisse me dégager pour 16 h 30 (compter un minimum d'une heure pour un premier entretien). Pensez vous que ce sera compatible » ? Il n'est évidemment pas possible de prévoir toutes les situations, mais vous pouvez recenser celles qui ont le plus de chances de se produire et vous préparer en conséquence.

• Jetez un rapide coup d'œil dans le bureau. La qualité du mobilier, l'organisation, la décoration, les marques personnelles (photos, diplômes, trophées sportifs) sont des indications que vous allez enregistrer pour en tirer parti dans le cours de l'entretien. Ils sont la marque de la personnalité de son occupant. Mais ne vous comportez pas comme au musée !

• Attendez, pour vous asseoir, que l'on vous y invite.

• Demandez la permission de retirer votre imperméable ou votre manteau et placez-le sur le dossier de votre siège si on ne vous propose pas de le mettre ailleurs.

• Ne vous installez surtout pas en conservant votre imperméable fermé, comme cela se produit quelquefois. C'est la meilleure façon d'indiquer au recruteur que vous n'êtes que de passage. Vous pourrez, à juste titre, douter du résultat de cet entretien qui, par ailleurs, risque d'être court. Votre interlocuteur n'aura pas confiance dans votre implication dans ce recrutement.

• A l'inverse, ne retirez pas votre veste ou votre cravate un jour de chaleur, même si votre interlocuteur vous le propose.

• N'acceptez pas de cigarette. Il se peut que ce soit un piège pour savoir si vous fumez, ce qui peut être dissuasif dans certaines entreprises. C'est aussi un test de votre nervosité et de votre maîtrise personnelle.
Cependant, si vous êtes fumeur, n'affirmez pas que vous ne l'êtes pas. A la question « *vous ne fumez pas ?* » contentez-vous d'une réponse telle : « *si, un peu, mais je m'en passe assez facilement quand je travaille* ».

• Il se peut que votre interlocuteur vous propose de vous installer, non pas face à face, à son bureau, mais autour d'une table ronde.
C'est un signe clair de sa volonté de faciliter la communication entre vous. Un geste destiné à vous mettre à l'aise, à vous traiter

sur un plan d'égalité dans cet entretien. C'est une invitation à échanger sur un mode d'égalité, de transparence et de franchise. Vous pourrez poser toutes les questions qui vous sont utiles, elles seront toujours bien accueillies et les réponses seront complètes et honnêtes.
Le message sera le même si votre interlocuteur, au lieu de s'installer en face de vous, se place du même côté du bureau que vous, sa chaise en biais, comme la vôtre, pour n'avoir aucun obstacle entre vous.

LE LANGAGE DU CORPS

Même lorsque vous ne dites rien, vous communiquez.
Un sourire : vous dites votre plaisir de rencontrer quelqu'un ou vous l'encouragez.
Vous levez les yeux au ciel avec un haussement d'épaules : vous montrez votre agacement.
Vos gestes, vos attitudes corporelles et vos mimiques (les expressions du visage) parlent plus fort que les mots. Vous aurez du mal à faire croire que vous êtes content si, malgré les mots que vous prononcer, vous avez un visage fermé et les mâchoires serrées.
Le recruteur entraîné sait capter et interpréter ces indices significatifs et en tire, progressivement, des indications qui vont le guider pour mieux vous connaître. Tout le monde comprend bien, si vous tapotez votre stylo sur le bureau ou si vous jouez avec vos clés, que vous manifestez de la nervosité. En entretien, cela signifiera que vous êtes mal à l'aise ou impatient.
Vous vous tenez assis sur le bord de la chaise : on y verra un signe de timidité, un manque d'aisance dans la relation .
Au contraire, complètement avachi sur une chaise ou dans un fauteuil, vous apparaîtrez un peu trop facilement « comme chez vous », quelqu'un sans gêne et, par la même occasion, bien peu dynamique.
D'une manière générale, une attitude corporelle ouverte (les mains à plat, les bras, les pieds écartés, les jambes non croisées...) exprime votre assurance dans la situation. Penché en avant, vous montrez votre écoute, votre volonté d'agir, votre dynamisme, votre envie de prendre une initiative. Penché en arrière : vous êtes dans une attitude attentiste, critique, fermée.

L'entrée en matière

C'est le moment où, après les quelques mots d'accueil de la part du recruteur et un petit échange pour vous mettre à l'aise, l'entretien va entrer dans une phase active et plus concrète.
C'est évidemment à la personne qui vous reçoit de décider de la manière dont les choses vont se passer. Votre attitude dans cette première phase sera donc celle de l'attente. Une attente active, sens en éveil, prêt à écouter et à réagir sur invitation.
Installez-vous confortablement, bien dans le fond de votre siège, le buste droit ou légèrement penché vers votre interlocuteur, les mains ouvertes sur les accoudoirs ou à plat sur vos cuisses (la position avancée vers l'autre indique que vous êtes à l'écoute, que vous êtes prêt à réagir vite).
Profitez-en pour observer votre interlocuteur, discrètement. A sa physionomie, à ses gestes, au cadre dans lequel il vit toute la journée, aux impressions recueillies lors de la poignée de main, essayez d'imaginer en quoi il va être facile ou difficile.
Préparez-vous mentalement à faire preuve d'une attitude positive, mais déterminée. Concentrez-vous pour vous préparer à toutes les situations avec calme, quoi qu'il arrive. L'entrée en matière va permettre au recruteur de vous expliquer comment va se dérouler l'entretien, quelles seront les différentes phases, la répartition des rôles dans l'entretien, combien de temps il prévoit et comment les choses se dérouleront après l'entretien en termes d'exploitation et de suites à donner. S'il ne le fait pas (et c'est souvent le cas avec des recruteurs occasionnels, des cadres d'entreprise par exemple), demandez-lui de vous informer à ce propos :
« *Pourriez vous me préciser, monsieur, comment va se dérouler notre entretien ?...* »
Et, dans le cas où la réponse vous laisse sur votre faim, insistez :
« *Parlerons-nous plus précisément du profil du poste ou des attentes de l'entreprise ?...* »
ou bien :
« *Ce poste m'intéresse beaucoup et j'ai un certain nombre de questions qui s'y rapportent. Un moment est-il prévu, dans l'entretien, pour que nous les abordions ?* »
Dès cet instant, vous êtes présent et vous vous positionnez en interlocuteur adulte et responsable, désireux de participer pleinement dans cet entretien.
Avant d'entrer dans le vif de l'entretien, le recruteur vous demandera souvent si vous avez des questions à poser.

Ayez des questions à poser. Et pour cela, comparez les informations que vous avez obtenues avec celles qui vous manquent. Votre préparation de l'entretien va, là encore, vous inspirer.
Commencez par les plus importantes.
Par exemple :
« *J'ai lu dans la presse que cette entreprise vient d'être rachetée par le groupe Duval. Pouvez-vous m'en dire davantage ?* »
Ou bien :
« *Vous m'avez parlé de l'entreprise mais pas encore de l'équipe que je serais appelé à rejoindre. Quelle est son importance, son climat de travail, ses objectifs ?* »
Il est regrettable de constater combien sont peu nombreux les candidats qui ont des questions intéressantes à poser.
Dans ce cas là, le recruteur, lui, est amené à s'en poser :
• « *Quel est le véritable intérêt de ce candidat pour le poste ?* »
• « *Comment peut-il prendre des décisions fondées alors qu'il met si peu d'empressement à recueillir de l'information ?...* »
C'est, de plus, une grosse erreur tactique : rappelez-vous que votre intérêt est de savoir, le plus tôt possible, un maximum de choses sur ce que vous n'avez pu apprendre avant :
• qu'attend réellement l'entreprise ?
• quelles aptitudes et qualités sont considérées comme déterminantes ?
• quels sont les arguments présentés dans ma lettre de motivation qui ont le plus intéressé l'entreprise afin de les développer ? La meilleure façon de le savoir n'est-elle pas de poser les questions qui s'y rapportent ?

3. Le déroulement de l'entretien

L'entretien commence

Il n'y a pas de règles formelles pour débuter un entretien. Tout ce qui se dit et se passe dans un entretien est utilisable et il n'y a pas de délimitation vraiment précise entre les différentes phases et les aller-retour sont choses courantes.
Sur une question de votre part concernant le climat du service qui recrute ou la composition de l'équipe en place, l'entretien peut démarrer sur une question en retour du recruteur du type :
« *Pourquoi vous intéressez-vous au climat de l'équipe ?* ».
L'entretien est « officiellement » lancé (il l'était officieusement dès votre entrée dans le bureau).
La tonalité et la qualité de vos réponses vont alimenter les colonnes « débit » ou « crédit » de votre compte candidat.

LES DIFFÉRENTS MODES D'ENTRETIEN

Il y a pratiquement autant de méthodes que de recruteurs. D'autre part, elles peuvent varier selon le type de poste à pourvoir. Il est évident que l'on ne mènera pas un entretien de la même façon pour un recrutement de technicien de laboratoire que pour un responsable d'agence commerciale. Mais globalement, on peut dire que plus le niveau de responsabilité est limité, plus l'entretien est cadré, avec des parties bien distinctes et des questions précises.

• **L'entretien directif**
Il a l'avantage d'être assez rapide, précis, efficace pour le recruteur. Mais, en contrepartie, il laisse peu de place à la participation du candidat, et surtout à sa spontanéité. Devant ce style de conduite d'entretien, vous devrez chercher à vous ménager un espace et demander à vous exprimer « *Si vous le permettez, je souhaiterais que vous me précisiez tel point...* », « *Je reviens sur ce que vous disiez tout à l'heure, à propos de...* ».

• **L'entretien semi-directif**
Employé notamment pour les postes de responsabilité moyenne, il est certainement le plus couramment utilisé. Il allie les avantages de la méthode précédente avec des questions circonscrites dont certaines peuvent appeler des réponses par oui ou par non (« *Etes-vous libéré de vos obligations militaires ?* ») à une bonne possibilité d'expression du candidat sur des questions plus larges (« *Quels points souhaitez-vous approfondir?* » « *Quelle est votre opinion sur le poste tel qu'il est prévu ? Décrivez-moi votre plus belle réalisation en stage...* »).

• La méthode dite non-directive est réservée à des postes de responsabilité et de haut niveau, notamment d'encadrement.
Il s'agit de laisser le candidat aborder l'entretien tel qu'il l'entend, en le relançant seulement de temps à autre : « *Vous nous avez adressé une lettre de candidature qui nous a intéressé, maintenant je vous écoute...* », ou « *quelle est votre définition de la performance dans une équipe ?...* »
Cette méthode n'apporte pas une réponse directe et immédiate à tout ce que le recruteur aura besoin de vérifier (il l'abordera à un autre moment), mais elle permet de comprendre comment le candidat structure sa pensée, quelles sont ses valeurs, ses priorités, comment il organise sa relation, sa façon de communiquer...

Selon les circonstances, l'entretien sera mené sur un style dit « provocateur ». Certains s'en sont d'ailleurs fait une spécialité.
Il s'agit de prendre le candidat à contrepied, de mettre en doute l'exactitude de ses propos, éventuellement d'aller jusqu'à l'agression verbale ou de créer artificiellement un événement perturbant. L'objectif est de pousser le candidat dans ses retranchements, de chercher à le déstabiliser pour analyser sa manière de réagir, son self-control, sa capacité de reprise en main de la situation etc... Ce régime assez particulier et éprouvant est heureusement limité aux candidats qui seront amenés à traiter de situations tendues, voire conflictuelles (responsable des relations humaines, chef du personnel, service contentieux, directeur d'usine, etc.).
Cet entretien est en même temps un test de situation qui permet, en peu de temps, d'apprécier le niveau de résistance du candidat et son habileté à conserver le contrôle des situations.

Bon à savoir : si vous êtes intimidé, fixez l'arête du nez de votre interlocuteur. Il aura l'impression que vous le regardez au fond des yeux. Rappelez-vous : 80 % d'un message passe par le rythme, le timbre, le ton, le volume de la voix, 20 % par son contenu.

Cinq cas particuliers d'entretiens

La réunion de groupe

Vous pouvez rencontrer cette méthode de sélection, notamment en cas de recrutements massifs ou de postes de commerciaux. Pour faire face aux contraintes liées au nombre, l'entreprise réunit l'ensemble des candidats dont le dossier a été préalablement retenu, pour une information en groupe, souvent suivie d'une réunion discussion.
Dans ce type de scénario, l'entreprise indique les règles du jeu : dans un premier temps, le recruteur donne un maximum d'informations sur l'entreprise, le poste, le profil recherché, les modalités

de rémunération et les contraintes particulières. Les participants sont ensuite invités à poser des questions. A la fin de cette information, les candidats qui ne sont pas intéressés peuvent se retirer.

Dans un deuxième temps, les responsables de l'entreprise peuvent soit recevoir sur place, individuellement, les candidats qui ont maintenu leur candidature, soit organiser un débat de groupe. Celui-ci s'articule souvent autour d'un thème susceptible de pouvoir concerner tout le monde, comme un sujet d'actualité par exemple. Les animateurs de la réunion écoutent et observent, prennent des notes et identifient ceux des participants dont les interventions dénotent des traits de personnalité ou des attitudes qui les intéressent. Dans la plupart des cas, ce type de réunion et de débat s'adressent à des candidats à des postes commerciaux.

L'écoute active, la facilité à argumenter, la solidité du raisonnement, la combativité et l'habileté relationnelle sont, dans ce cas, les aptitudes les plus fréquemment recherchées par les recruteurs.

L'entretien type « jury »

C'est certainement l'un des entretiens les plus inconfortables pour un candidat. Il peut être organisé pour regrouper en un seul entretien les différents niveaux hiérarchiques concernés par le recrutement en cours.
La première difficulté, pour le candidat, est sa solitude au milieu de ces trois ou quatre personnes qu'il ne connaît pas... et qui sont sur leur terrain ! Les gens qui organisent ce type de réunion ne se rendent d'ailleurs pas toujours compte à quel point c'est difficile pour le candidat. Si vous êtes jeune, si vous en êtes à vos premiers entretiens, il est préférable de dire ce que vous ressentez :
« *C'est la première fois que je me trouve dans cette situation, c'est un peu impressionnant...* »
On ne vous en voudra pas et, au contraire, votre franchise attirera plutôt la sympathie. Cette attitude aura aussi l'avantage de vous mettre plus à l'aise.
Quand les gens se présenteront, demandez-leur la permission de noter leur nom et leur responsabilité dans l'entreprise.

La technique à adopter, devant ce que certains peuvent ressentir comme une sorte de tribunal, est la suivante.

• Asseyez-vous confortablement en sortant votre bloc pour pouvoir prendre des notes.
• Quand quelqu'un prend la parole et sollicite une réaction de votre part, répondez en concentrant votre regard principalement sur cette personne ; faites la même chose avec chacun, au fur et à mesure de leur prise de parole.
• Enfin, si vous avez à expliquer quelque chose qui vous paraît important et qui nécessite une prise de parole assez longue de votre part, adressez-vous, par le regard, à chacun alternativement, tout le temps de votre intervention.

Il se peut que, parmi les participants, l'un d'entre eux reste silencieux tout au long de l'entretien. En général, c'est le « patron » ou le responsable hiérarchique le plus important. Cela ne veut pas dire qu'il ne vous écoute pas. Si vous avez pris la précaution de l'identifier au début de la rencontre, adressez-vous souvent à lui dans vos propos, en le regardant très régulièrement. A l'inverse, il peut mener la presque totalité de l'entretien, un peu comme si ses collaborateurs comptaient « pour du beurre ». Dans ce cas-là, concentrez alternativement vos regards dans sa direction et vers la personne responsable du service qui recrute.

Les entretiens enchaînés

Il s'agit d'une succession d'entretiens, quelquefois le même jour : vous rencontrez d'abord le chef du service administratif qui recrute, puis le chef de la comptabilité avec lequel vous serez régulièrement en rapport et, enfin, le directeur de l'entreprise.

L'entreprise cherche à avoir trois opinions qui seront ensuite confrontées. Pour que vous tiriez le maximum de profit de cette situation, traitez chacun de vos interlocuteurs en fonction de ses attentes propres (voir tableau des profils de recruteurs, p. 65).

En fait, il s'agit ni plus ni moins que de trois entretiens individuels dont les interviewers ont un angle de visée différent. Essayez de vous faire une idée, le plus rapidement possible, des principales attentes de chacun. Posez les questions qui vous permettront de comprendre ce que chacun recherche et puisez, dans votre arsenal, les arguments les mieux adaptés.

L'entretien en agence d'interim

Pour les jeunes diplômés

Les formations qui intéressent avant tout les agences d'intérim sont celles qui ont une portée pratique :

- les BAC PRO
- les BTS et DUT
- les MST

L'avis des chefs d'entreprise

Une enquête réalisée par BVA pour Manpower montre que 57 % des chefs d'entreprise déclarent avoir déja embauché des intérimaires à la suite d'une mission.
66 % estiment que, pour un jeune, l'intérim est la meilleure façon de se faire embaucher.
76 % pensent que le CV d'un jeune candidat avec de nombreuses missions d'intérim est valorisé.

Ce type d'entretien peut paraître, *a priori*, une simple formalité à certains. En réalité il demande autant d'attention que les autres. Excepté la phase purement administrative du dépôt de dossier, vous aurez à convaincre les recruteurs de l'agence au cours d'un entretien approfondi.
Leur problématique est assez proche de celle d'un consultant en recrutement. A tel point qu'il est possible, dans certains cas de figure, que l'agence vous propose de rencontrer le chef de service d'une entreprise pour lequel il recrute spécifiquement (une mission de longue durée par exemple) avant de décider de votre engagement.

N'oubliez pas que c'est l'agence d'intérim qui est votre employeur. Ce n'est donc pas seulement pour une mission particulière que vous vous présentez, mais pour des missions différentes de plus ou moins longue durée.
Il faut donc mettre l'accent sur votre dynamisme, vos capacités d'adaptation, sur votre goût du changement et de la diversité des situations, sur votre facilité à vous intégrer au sein d'une équipe.

Soyez prêt à vous expliquer sur vos activités depuis que vous recherchez un emploi.
Ayez en tête le nombre d'entretiens auxquels vous avez participé, le nombre de vos candidatures spontanées ou non.

N'inventez pas des situations. Des questions de contrôle permettront au recruteur de tester votre sincérité.
Recomposez votre itinéraire en ne retenant que ce qui fait sérieux et professionnel aux yeux de votre interlocuteur. Inutile d'insister sur les six mois que vous avez consacrés à la tentative de monter un groupe de hard-rock !
Ne vous étendez pas non plus sur vos difficultés. Présentez votre démarche vers l'intérim non pas comme un échec mais comme une volonté délibérée de changement de cap pour élargir et enrichir votre expérience professionnelle.
En interim comme en entreprise, vous devez donner de bonnes raisons à votre recruteur de retenir votre candidature. Plus une : en interim plus qu'ailleurs, les entreprises investissent sur la formation de leurs employés. Il faut donc convaincre votre interlocuteur qu'il peut investir sur vous.

Vos attitudes et votre tactique :
• Donnez des réponses cohérentes les unes avec les autres.
• Etayez ce que vous avancez avec des noms, des dates, des chiffres, des lettres de satisfaction...
• Dites ce qui vous motive dans l'interim qui soit autre chose qu'une « dernière chance ».
• Dites que vous avez des compétences qui restent inemployées et que vous ne voulez pas les perdre.
• Dites qu'après une vraie réflexion, vous considérez que c'est le moyen pour vous de vous insérer dans le monde du travail.
• Dites que vous vous réjouissez à la perspective de découvrir des horizons variés qui vous permettront d'enrichir vos compétences.
Vous pourrez, au contraire, dire vos préférences pour une profession ou un poste en particulier.
En tout état de cause, soyez sincère.
Parlez de ce que vous savez faire. Développez les acquis concrets que vous ont apporté vos stages ou vos périodes de travail.
Ayez une vision large de vos compétences. Intégrez-y vos goûts, vos talents personnels, ce qui vous enthousiasme...

L'entretien au téléphone

Ce n'est pas sous cette forme-là qu'il vous sera présenté. Il s'agira toujours d'une annonce vous invitant à téléphoner pour prendre rendez-vous. Si la fonction est en rapport étroit avec l'utilisation du téléphone, le recruteur préfère vous entendre avant de vous voir.

Lors de ce premier contact téléphonique, il aura tout loisir d'apprécier le timbre de votre voix, votre rythme et la qualité de votre élocution, la richesse de votre vocabulaire, ou de tester votre maîtrise personnelle en vous plaçant devant une situation comparable à celles que vous pourriez rencontrer une fois en place. En fait, le recruteur a une démarche inversée : il vous fait passer un test avant de vous proposer un entretien.
Vous trouverez aussi le cas courant de sociétés commerciales dont les responsables sont des hommes de terrain, souvent autodidactes et toujours battants.
Des hommes de culture orale qui vivent vite, qui ne s'embarrassent pas de dossiers et encore moins de courriers quand ils procèdent à un recrutement. Ils vous demanderont de téléphoner.
En quelques minutes, le chef des ventes ou le directeur commercial se sera fait une opinion.
Il vous demandera, peut-être, à ce moment là, de lui adresser un CV et un courrier. Mais dans une majorité de cas, il vous proposera directement un entretien ou récusera, courtoisement, votre candidature.
En fait, nous sommes en face d'un processus de recrutement concentré puisque la prise de contact, l'entretien et un test d'aptitudes ont lieu en quelques minutes.

APPRIVOISEZ LE TÉLÉPHONE

Silence, on parle !... Ne téléphonez pas d'une cabine dans la rue ou d'un portable dans un endroit bruyant et animé. Vous devez être totalement disponible pour interpréter toutes les nuances de l'entretien et réagir opportunément. Quant à votre interlocuteur, il doit vous entendre clairement. La consigne vaut aussi lorsque vous appelez de chez vous. Inutile de vous recommander d'éteindre la chaîne hi-fi, de fermer la fenêtre si vous êtes sur une rue passante ou d'éloigner le chien ou le jeune frère un peu bruyant.

Respirez. Lorsque vous téléphonez, la respiration ventrale joue un rôle clé pour éviter l'oppression et produire une impression d'aisance à l'autre bout du fil. Pour cela, abstenez-vous de téléphoner à demi allongé sur un canapé ou les genoux remontés sous le cou, un coussin sous le menton. Prenez une posture professionnelle. Asseyez-vous sur une chaise, en vous tenant bien droit, et respirez régulièrement à partir du ventre et pas seulement avec vos poumons.

Ralentissez ! Au téléphone, il est nécessaire de parler moins vite que dans une relation en vis-à-vis. C'est indispensable pour que votre correspondant assimile parfaitement tous vos propos. En articulant mieux vous compenserez les déformations éventuelles de votre voix par la transmission.

Plus bas ! Inutile de crier, on vous entend aussi bien que vous téléphoniez dans votre ville ou à 5 000 kilomètres de chez vous.

Interdit de fumer. Fumer au téléphone s'entend et vous distrait du propos de votre correspondant. Lui se rendra compte que vous fumez et il y verra une marque de nervosité. Mais ce sera pire encore si le poste auquel vous postulez interdit de fumer en travaillant et votre relation s'arrêtera là.

Des tics à éviter. Certains griffonnent lorsqu'ils parlent au téléphone. Si cela vous aide à vous concentrer, pourquoi pas. Mais si au contraire vous n'êtes plus tout à fait à votre sujet, cela se complique. Force est de constater que, dans ces cas-là, souvent la tonalité et le rythme de la voix changent, s'apaisent, deviennent un peu moins présents. Si c'est le cas pour vous, votre correspondant risque de le percevoir car tous ces phénomènes s'amplifient au téléphone et il peut y voir une forme de manque d'intérêt. Même chose pour ceux qui aiment tapoter un crayon ou un stylo sur la table. Même imperceptible pour vous, ce bruit-là sera tout à fait audible par votre correspondant. Ce sera compris comme signe de nervosité ou de désintérêt. Evitez aussi de vous balancer sur votre siège. Ce mouvement destiné à s'auto-assurer se répercute sur votre souffle et il y a peu de chances que cela échappe à un interlocuteur averti.

Vos papiers ! C'est une boutade bien sûr, mais assurez-vous quand même dès le début de votre conversation du nom de votre interlocuteur et si possible de sa fonction dans l'entreprise. Il n'est pas toujours sûr que l'on vous passe la bonne personne. Dans ce cas, il vaut mieux connaître son nom. D'autre part, rappelez-vous que le mot que chacun d'entre nous préfère entendre est son propre nom. Alors, au téléphone pourquoi ne pas appeler régulièrement votre interlocuteur par son nom ? C'est une façon de montrer votre considération mais aussi une manière de disposer d'un certain ascendant par la courtoisie et la maîtrise que vous affichez ainsi.

On tourne. Une fois que vous aurez votre correspondant en ligne, il sera trop tard pour réfléchir à ce que vous voulez dire, mais aussi à la structuration de votre propos et à l'attitude que vous allez prendre. Faut-il simplement dire que l'on appelle pour l'annonce et attendre que l'autre prenne l'initiative ou bien intervenir suivant d'autres scénarii ? Et si la personne que vous demandez n'est pas là, que ferez-vous ? Faut-il rappeler ou s'entretenir avec quelqu'un d'autre ? Notez que l'entretien téléphonique a cela d'intéressant qu'il est interactif. Il vous permet de vous faire, en direct, votre propre opinion sur l'entreprise au travers de l'attitude et des propos de vos interlocuteurs. Alors, ne vous contentez pas de répondre à des questions. Préparez-en aussi quelques-unes, des questions clés pour vous, qui vous permettront d'évaluer l'intérêt de prolonger le processus si on vous le propose.

Souriez. « *Comme vous étiez belle ce soir au téléphone* » **disait Sacha Guitry. Oui, le sourire a cette particularité extraordinaire qu'il se voit et s'entend au téléphone. Tout le monde a plaisir à s'entretenir avec quelqu'un dont le ton est sympathique et dont l'attitude perceptible dit à quel point il lui est agréable de vivre ce moment-là. Mais n'en faites pas trop tout de même. Entendons-nous bien, il s'agit de sourire, pas de rire, non plus d'avoir un sourire crispé qui tend les lèvres comme la corde d'un arc. Un sourire détend, soulage les tensions, assouplit les muscles de la face, notamment autour de la bouche. Ce qui implique évidemment que vous soyez dans des dispositions d'esprit qui vous permettent de le faire.**

Le choix du moment pour téléphoner n'est pas indifférent.

Quoi qu'il en soit, lorsque l'on vous propose de téléphoner, ne partez pas la fleur au fusil.
Prenez le temps de réfléchir à ce qui risque de se produire au cours de cet entretien, car il s'agit bien d'un entretien et non d'une formalité.
Placez l'annonce à côté du téléphone et préparez ce que vous allez dire pour vous présenter.
Imaginez comment vous devrez réagir si la personne que vous demandez n'est pas là et si l'on vous passe quelqu'un d'autre.
Faites un court résumé de vos motivations pour le poste et de vos arguments personnels les plus intéressants.
Préparez les questions que vous devez impérativement poser pour savoir si cette proposition est bien conforme à ce que vous recherchez ou, tout au moins, si elle reste compatible. Prenez de quoi écrire à côté de vous et installez-vous confortablement.
L'entretien commence dès que la standardiste de l'entreprise décroche !

Les techniques d'investigation du recruteur

Vous serez face à des techniques de conduite d'entretien qu'il vous faut identifier pour ne pas vous laisser surprendre.

1. La première technique à laquelle on pense est, évidemment, celle du questionnement. C'est une technique simple et compliquée à la fois, dans la mesure où il existe une tactique en fonction du résultat que l'on veut obtenir.
Les recruteurs professionnels varient leur style de questionnement, si bien que l'on a quelquefois le sentiment de ne pas vraiment

répondre à des questions, mais de s'exprimer spontanément. Les recruteurs occasionnels ne manient pas toujours autant cette technique. Mais l'objectif est le même : obtenir des informations sur des points précis qui les intéressent.
Des réponses mal bâties, insuffisamment argumentées sur des points considérés comme importants et votre candidature perdra de sa crédibilité.
Mais la valeur des réponses aux questions dépend avant tout de l'honnêteté intellectuelle de celui qui les formule. Le recruteur le sait bien, lui qui est là pour s'assurer que le candidat répond effectivement à ce que l'entreprise recherche.

2. C'est ce besoin d'assurance qui conduit les recruteurs expérimentés à croiser les informations, souvent à des moments différents, pour vérifier un point important. Autrement dit, il importe que vos réponses sur un même sujet soient cohérentes. Et elles ne pourront l'être que si vos idées sur le sujet sont claires. D'où l'intérêt d'une préparation approfondie.

3. Une autre façon efficace pour le recruteur d'enrichir sa moisson consiste à recueillir des échantillons de vos manières d'agir et de réagir. C'est la mise en situation.
Par exemple :
« *Si vous aviez à remplacer votre responsable pendant un voyage de quelques jours, quelles questions lui poseriez-vous avant son départ ?* »
ou
« *Comment organisez-vous une semaine standard depuis que vous recherchez un emploi ?* ».
Les exemples sont infinis. Ces indications croisées avec d'autres propos vont éclairer l'interviewer sur vos attitudes et certains de vos comportements.

4. Vous pourrez avoir également à affronter des silences : une technique efficace pour voir comment vous vivez la relation. Vous pourrez assister quelquefois à un « vrai-faux » petit psychodrame, histoire de voir comment vous récupérez vos esprits. Un mini-test comme un autre !

Mais, d'une manière générale, la plupart des interviewers chercheront à vous mettre en confiance, car ils savent que c'est la meilleure façon de découvrir qui vous êtes réellement.

Attention, cependant, à ne pas vous laisser « endormir » par ce type d'attitude, car les recruteurs, notamment les professionnels, savent admirablement bien désarmer vos défenses et provoquer chez vous une confidence ou une remarque, un comportement, qui peuvent colorer d'une autre façon l'image que vous avez progressivement construite.
Vécu du côté du candidat, l'entretien de recrutement est souvent subi. En vous y préparant, en anticipant sur les techniques qui seront mises en œuvre, vous multipliez vos chances d'être « le bon candidat » par la confiance et la maîtrise dont vous ferez preuve au cours de l'entretien.

QUELQUES CONSEILS UTILES POUR RÉPONDRE AUX OBJECTIONS

Répondez sans agressivité ni antagonisme
L'objection est une phase normale de l'entretien.
D'une certaine façon, c'est la démonstration que votre interlocuteur s'intéresse à votre candidature puisqu'il veut écarter les risques qu'il croit y percevoir. Plus que jamais, il a besoin que vous le rassuriez.
Le ton que vous emploierez sera déterminant. Parlez de manière posée et naturelle.
L'assurance – sans ostentation – que vous mettrez dans votre propos comptera autant que le contenu de votre réponse.

Transformez l'objection en argument
« *Vous êtes bien jeune pour ce poste !...* »
Réponse : « *Vous m'avez confirmé tout à l'heure que vous recherchez, avant tout, une bonne formation, du dynamisme et des idées. Vous pouvez constater que je réponds à ces trois critères* ».
ou bien :
« *J'ai effectivement 23 ans et cela me permet de vous offrir une très grande disponibilité. Je n'ai pas de contraintes familiales et le travail ne me fait pas peur. Je sais dépasser les horaires quand il le faut.* »

Utilisez des analogies
« *Vous avez peu d'expérience !* »
Réponse : « *Vous avez certainement remarqué que j'ai deux expériences très proches de ce que vous recherchez. Souhaitez-vous que nous y revenions ?* »

Faites reformuler votre interlocuteur
C'est une technique efficace sur une objection difficile ou que vous n'avez pas envisagée. Vous disposerez ainsi d'un peu de temps pour réfléchir et, par ailleurs, la deuxième « version » sera peut-être plus facile à traiter.

Acceptez telles quelles les objections mineures
Cette tactique permet de faire accepter plus facilement vos autres réponses.

Proposez des solutions quand c'est possible
Réponse : « *Effectivement j'habite actuellement assez loin en grande banlieue, chez mes parents. Mais si je rejoins votre entreprise, j'ai prévu de m'installer dans les semaines qui suivront à moins de vingt minutes de transport.* »

Prenez votre temps pour répondre
Rien ne vous oblige à répondre « du tac au tac ».
Choisissez vos meilleurs arguments.

Répondez à l'objection par une question
Vous pourrez aussi avoir recours à cette technique redoutablement efficace.

Adaptez votre attitude

Un entretien n'a rien d'une procédure réglée et intangible. C'est, au contraire, quelque chose de dynamique, de vivant, de plastique, qui varie dans ses rythmes, ses modalités, où la tactique de chacun des interlocuteurs s'adapte aux circonstances.
Dans la relation particulière de l'entretien d'embauche, il ne vous appartient pas de donner le ton et la mesure. Mais il vous revient de bien comprendre ce qui se passe et de placer vos pions, au fur et à mesure du déplacement des pièces.
En fonction des conditions de l'entretien et des signes que vous adresse le recruteur, par exemple une invitation à ce que vous preniez la parole avec un... :
« *qu'en pensez-vous ?* »
ou « *vous souhaitez peut-être réagir ?* », vous serez tour à tour à l'écoute, questionneur, incitateur de nouveaux développements.
L'entretien n'est pas un moment où l'action et les initiatives viennent uniquement du recruteur, mais un espace d'échange dynamique.
En montrant à votre interlocuteur que vous adaptez votre propos en cours d'entretien, vous lui donnez un éclairage de votre mobilité d'esprit, vous lui prouvez que vous savez percevoir les opportunités d'initiative et que vous n'hésitez pas à les utiliser.
De la même manière que vous prouvez davantage votre maîtrise de la langue en parlant l'anglais qu'en prétendant le parler, votre adaptation au rythme de l'entretien est un indice positif qui s'inscrit dans votre colonne « crédit ».

Tout ce qui va vous permettre de démontrer des signes d'adaptation à l'offre est bon pour vous. Vous pouvez aussi bien confirmer cette capacité d'adaptation par votre attitude générale que, par exemple, au détour d'une question ou d'une remarque opportune :
« *Comment l'entreprise fixe-t-elle les objectifs de ses collaborateurs ?* »
Ce qui sous-entend que vous vous attendez à ce que l'entreprise agisse ainsi et que vous le considérez comme une donnée normale. Autrement dit, vous acceptez d'avance la notion de performance, préoccupation que l'on retrouve systématiquement dans toutes les entreprises.
Vous pouvez également rebondir sur l'un des propos de votre interlocuteur et mettre en lumière un élément qui serait peut-être passé inaperçu autrement.
« *Vous m'avez dit que le chef de service a besoin de gens qui établissent de bonnes relations avec les autres services. Si vous le permettez je peux vous rapporter deux situations qui démontrent que j'en suis capable...* »

Dès que le recruteur vous donne l'occasion de vous exprimez, faites-le en orientant le sens de la discussion ou des questions sur des aspects que vous pouvez exploiter favorablement.
Pour y arriver, pas d'autre choix que de pratiquer une écoute active, c'est-à-dire être à l'affût de ce qui est dit, de ce qui n'est pas dit et de ce qui devrait être dit.

Des questions que vous n'éviterez pas

Pourquoi êtes-vous candidat?

Exprimez clairement vos motivations
C'est souvent l'une des toutes premières questions de l'entretien. Elle ne sera pas forcément exprimée comme cela, mais l'interrogation sera la même.
Le recruteur veut savoir pourquoi vous avez choisi cette offre ou pourquoi vous vous intéressez à l'entreprise en particulier. De toute façon, si cette question ne vous était pas posée, il faudrait que vous l'abordiez de votre propre initiative à un moment ou à un autre.
La situation idéale, pour un recruteur, est de réunir deux partenaires – un candidat et l'entreprise – qui ont vraiment envie de travailler ensemble. Pour cela, ils doivent reconnaître, chez l'un et chez l'autre, suffisamment de traits qui leur conviennent.

L'entreprise sait qui elle veut et mène sa recherche en conséquence. Reste au candidat, indépendamment de sa qualification et de ses aptitudes, à convaincre de son intérêt personnel.
En résumé, l'entreprise veut comprendre si, à vos yeux, elle offre le profil d'un partenaire « idéal ».
Analysez à haute voix ce que vous avez relevé dans l'offre qui correspond à ce qui vous intéresse et dites pourquoi. N'hésitez pas à poser des questions pour compléter votre information avant de répondre complétement :
« *Voilà comment j'analyse l'offre. Pourriez-vous me dire ce que vous en pensez ? Y a-t-il des points que je n'ai pas bien perçus ou tout simplement oubliés ?* »...
Dites ce qui rejoint vos goûts pour cette activité, ce que vous apportera ce poste en termes de satisfactions personnelles, comment il s'inscrit dans les étapes de votre projet professionnel...
Expliquez aussi votre choix pour l'entreprise elle-même.
Bien sûr, il y a l'effet d'opportunité de l'offre. Mais cela disparaît lorsque vous faites une candidature spontanée. D'autre part, si vous répondez à l'offre d'une petite entreprise alors que la qualité de votre formation vous permettrait d'orienter votre démarche autrement, vous ne le faites pas par hasard. Alors, dites pourquoi.
Reprenez les arguments de votre lettre de motivation en les développant. Appuyez-vous sur les nouvelles informations que vous avez pu recueillir pour concentrer votre propos sur ce qui sensibilise particulièrement l'entreprise.
En rejoignant les attentes de l'entreprise, vos aspirations et vos motivations inspirent confiance à votre interlocuteur et le rassurent.
Parlez des forces qui vous animent et affichez, sans timidité, mais sans arrogance non plus, votre vision personnelle, votre détermination et vos ambitions. Mais si vous voulez en faire un facteur de succès, choisissez celles qui correspondent aux attentes de l'entreprise. Ce sont les seules qui comptent.

Pourquoi ce choix de formation ?

Faites parler votre cursus

La formation est évidemment ce qui intéresse tous les recruteurs. Son rôle est de s'assurer que ce que vous affirmez sur votre CV est le reflet de la réalité. Il peut vous demander de lui présenter vos parchemins dès le premier entretien, mais c'est rare. En revanche, il va vous demander pour quelles raisons vous avez suivi ce parcours, de justifier les écarts, les bifurcations, les retards pris ici ou là dans votre progression.

Il est important que vous ayez réfléchi auparavant à ce que vous pouvez dire à ce propos. Particulièrement si vous avez mis un certain temps à définir un vrai projet professionnel et à affirmer votre cursus.

Les recruteurs aiment la cohérence. Quand certains indices, dans votre parcours, laissent penser qu'il en manque, il veut se rassurer. Et, c'est à vous qu'il laissera le soin de le faire.
Avant l'entretien, réfléchissez aux matières qui étaient pour vous les plus intéressantes, celles où vous réussissiez le mieux... et celles dans lesquelles vous étiez mal à l'aise. En somme, faites parler votre cursus de formation. Ce qui revient à vous expliquer à vous-même comment et pourquoi vous vous portez aujourd'hui candidat à ce poste, avant de pouvoir l'expliquer d'une façon convaincante au recruteur.

VALORISEZ VOTRE FORMATION

Parler de sa formation c'est parler de ce qui vous a préparé à la vie active.
Il ne suffit pas de l'avoir vécue, il faut apprendre à en parler.
Vous avez évidemment tout intérêt à en parler en bien et avec conviction, voire avec passion.
Dénigrer vos professeurs, votre école ou le contenu de votre formation, serait vous dévaloriser vous-même.

Exemple à ne pas suivre : Marc, ce jeune ingénieur, après plusieurs entretiens concluants avec le consultant chargé du recrutement et avec les cadres de l'entreprise, répondait d'un ton calme et un peu neutre au dirigeant de l'entreprise qui l'interrogeait sur ce qu'il pensait de son école :
« *Je pense que c'est une bonne école. C'est une école de province et bien sûr il y en a de meilleures, mais celle-ci est dans une bonne moyenne. Son image est assez bonne* ».
A son grand étonnement, son interlocuteur réagit vivement en lançant :
« *Monsieur, lorsqu'on a la chance d'avoir fait ses études dans cette école que je crois être la meilleure dans sa spécialité, on se doit de la défendre mieux que vous ne le faites !* »
Le dirigeant s'est avéré être le président de l'association des anciens élèves de cette école d'ingénieurs !
Depuis cet entretien et malgré la pression des cadres de l'entreprise qui voyaient en lui un excellent élément avec lequel ils souhaitaient travailler, la candidature de Marc a été évincée.
De l'intérêt de faire une recherche préalable sur l'entreprise et ses hommes.

Que nous apportez-vous ?

Mettez en scène vos stages et vos expériences

L'expérience est ce qui manque le plus au jeune diplômé et on ne se prive pas de le lui faire remarquer. Raison de plus pour anticiper et valoriser au maximum celle dont il dispose. Car il n'est pas suffisant d'être convaincu d'avoir réalisé des choses intéressantes, il faut en rendre votre interlocuteur persuadé.

Or, la plupart du temps, les candidats ne sont pas préparés à en parler et improvisent sur la base de leurs seuls souvenirs et de leurs impressions. Des souvenirs qui sont encore frais, mais que l'on n'a pas pris la peine de répertorier, de hiérarchiser en terme d'intérêt professionnel, et d'analyser en fonction du poste auquel on s'est porté candidat.

C'est, au contraire, en leur donnant une cohérence que vous rendrez votre expérience plus percutante. Décortiquez vos expériences au cours de votre préparation, réfléchissez aux différents épisodes dont vous avez su tirer parti.

Au cours de l'entretien, parlez des difficultés que vous avez rencontrées (toute personne qui travaille en rencontre) et de la façon dont vous les avez dépassées.

Exprimez vos conclusions du moment « *quand je rencontrerai ce type de difficulté, je prendrai les choses de telle façon* ».

Qui êtes-vous ?

Dites du bien de vous

De nombreux recruteurs vous demanderont de leur parler de vous. Beaucoup, pourtant, ont tous les moyens pour connaître à peu près tout ce qu'ils veulent de votre personnalité !

Ce qu'ils cherchent, c'est comprendre comment vous vous percevez. C'est une dimension essentielle pour saisir sur quel registre vous fonctionnez :

• soit en conformité avec vos véritables aptitudes et traits de personnalité,

• soit en décalage, en plus ou en moins.

Si vous exprimez une image dévalorisée de vous même, il y a de fortes chances pour que vos aptitudes de base ne puissent être optimisées. Donc, si vous êtes juste en terme de niveau de formation ou de compétences, c'est une considération qui risque de vous handicaper.

Vous trouvez là une nouvelle illustration de la nécessité de vous préparer méticuleusement, en identifiant vos traits de personnalité adaptés aux attentes de l'entreprise.

Ce n'est pas au moment où la question vous est posée que vous pouvez trouver instantanément les réponses les plus opportunes à :

- « *parlez-moi de vous* »
- « *comment vous décririez-vous ?* »
- « *quelles sont vos plus grandes qualités ?* »
- « *quels sont vos défauts majeurs ?* »

D'une part, il faut qu'elles correspondent à votre réalité, mais il faut aussi qu'elles soient aussi proches que possible de ce que l'entreprise attend de vous pour assumer la fonction proposée.

D'où venez-vous ?

L'album de famille

Vie privée, direz-vous peut-être ! Oui et non... Personne ne peut vous obliger à en parler si vous ne le souhaitez pas. Et vous êtes seul juge en la matière.

Ce que recherche votre interlocuteur, c'est à vous situer dans votre contexte personnel.

Si vous êtes candidat à un poste de responsabilité dans un laboratoire pharmaceutique et que votre père est médecin, cela peut donner une dimension intéressante à votre candidature. Vous bénéficiez d'un *a priori* favorable. Vous restez dans la même famille professionnelle.

En revanche, si le poste auquel vous êtes candidat est un « petit » poste, cette filiation ne jouera pas autant en votre faveur.

A l'inverse, si vous êtes issu d'un milieu de cadres moyens ou d'employés, votre candidature à un poste de Bac + 4 ou d'ingénieur bénéficiera d'une « prime ». Car, intuitivement, le recruteur retiendra qu'il est plus difficile de réussir de telles études quand on est d'origine modeste. Ce qui sous-tend des qualités de courage personnel, de persévérance, de volonté.

Autant de qualités qu'apprécie l'entreprise.

Qu'est-ce qui prouve que vous pouvez animer une équipe ?

Illustrez vos expériences de jeune « chef »

Si vous êtes candidat à un poste qui suppose l'encadrement d'une équipe à plus ou moins long terme, et en l'absence de toute référence professionnelle sur ce plan, votre interviewer cherchera des références dans les domaines de votre histoire personnelle.

« *Vous avez été moniteur de colonies de vacances. Racontez-moi* »

« *Qu'est-ce qui vous y a conduit ?* »

« Quelles satisfactions en avez-vous tirées ? »
« Quelles difficultés avez-vous rencontrées ? »
« Comment les avez-vous résolues ? »
« Quels enseignements ? »
« Racontez-moi votre expérience de sous-officier pendant votre service militaire »
« Mademoiselle, expliquez-moi pourquoi vous avez voulu être présidente de l'association des élèves de votre école ? Comment conceviez-vous votre rôle ? Comment aviez-vous organisé les responsabilités de chacun ? »
Autant de points de repère pour le recruteur, qu'il mettra en relation avec vos autres aptitudes à l'encadrement – ou les obstacles – qu'il a relevées par ailleurs.
Cela aussi se prépare. En se demandant notamment quelles sont aujourd'hui les qualités d'un cadre qui lui permettent d'obtenir la meilleure collaboration de son équipe et son adhésion aux objectifs de l'entreprise.

Quels sont vos centres d'intérêt personnels ?

Des « hobbies » au service de votre recherche d'emploi

Se révéler à soi-même, s'accorder un espace privilégié pour vivre en accord avec soi-même, suppose que l'on ait une vie en dehors de sa vie professionnelle et sociale. Sous le terme de « hobbies » (en anglais : passe-temps favori, « dada », violon d'Ingres...) se regroupe tout ce qui représente vos activités favorites, vos passions culturelles, intellectuelles, sportives, les voyages...
Il n'y a pas de bons ou de mauvais hobbies.

Ce sont les révélateurs de vos aspirations et tendances personnelles.
Ils sont porteurs d'une image liée au rythme d'activité personnelle, à la curiosité intellectuelle, aux valeurs...
En essayant de comprendre pourquoi vous avez choisi ces activités, le recruteur va obtenir un éclairage complémentaire sur vos besoins personnels profonds, sur vos motivations et vos aspirations.
En vous demandant ce que vous apportent concrètement ces activités, il pourra, dans certains cas, faire des liaisons avec les qualités et les aptitudes correspondant aux nécessités du poste.
Le ton anodin, voire bon enfant, sur lequel le recruteur aborde ce chapitre ne doit pas faire illusion. Il n'a pas quitté le terrain de l'entretien quand il vous pousse à vous exprimer là-dessus.

En le faisant d'une manière presque incidente, il compte au contraire souvent vous surprendre sans défense, croyant avoir quitté le champ purement professionnel.

Ne vous laissez pas aller à des confidences qui pourraient influencer défavorablement l'image que vous avez donnée jusque-là.
La spontanéité n'a pas sa place dans cette relation. Restez sous contrôle !
Identifiez préalablement ce qui, dans ces activités personnelles, peut renforcer le sentiment d'adaptation aux critères du poste chez le recruteur.
Cherchez aussi ce qui pourrait jouer contre cette image. Il vaut mieux s'abstenir d'évoquer une activité « contre-productive », même si elle vous passionne, que de risquer de la voir se retourner contre vous par excès de franchise. Ce qui suppose que, dès la rédaction de votre CV, vous en teniez compte !
A l'inverse, ne vous inventez pas des activités qui vous paraissent plus en rapport avec les qualités requises pour une fonction donnée.

Choisissez de parler ou non de ce qui vous passionne, mais ne parlez pas de ce que vous n'êtes pas. Votre recruteur n'y croirait pas longtemps.

Ajustez vos ambitions

Il y a toujours, en cours d'entretien, un moment où votre interlocuteur a besoin de vous « cadrer » pour évaluer comment vous vous positionnez par rapport à ses possibilités ou sa politique d'entreprise.
Là encore, il faut rechercher la meilleure adaptation.
La hantise d'un recruteur est de faire une erreur d'appréciation quant aux aspirations d'un candidat.
De fait, un candidat qui a des ambitions que l'entreprise ne peut satisfaire se démobilisera rapidement et quittera l'entreprise à la prochaine occasion.
Chacun peut avoir les ambitions qu'il souhaite, en termes de responsabilité ou de niveau de rémunération. Là n'est pas la question. Mais il faut se demander quelles sont celles qui sont compatibles avec les moyens ou la politique de l'entreprise.
La taille de l'entreprise, son appartenance ou non à un groupe international, le marché sur lequel elle est installée, ses objectifs, sa politique de développement, sont des indicateurs importants.

Attachez-vous à obtenir l'éclairage le plus large possible sur ce point, avant l'entretien de préférence, si vos ambitions sont importantes.

Dès que vous aurez « annoncé la couleur », vous ne pourrez plus revenir en arrière.

Inutile de préciser que les grandes ambitions sont peu compatibles avec les entreprises de petite taille.

4. Communiquez en professionnel

Un entretien c'est une succession d'échanges. Ces échanges sont le fruit de questions multiples. En entretien, c'est celui qui pose les questions qui choisit son angle de jeu.
C'est pourquoi votre façon de réagir devant les questions a une importance presque aussi déterminante que le contenu de vos réponses.

Des techniques de réponse

On parle souvent des techniques d'entretien, mais du point de vue de l'interviewer. Rarement pour ceux qui y participent en tant qu'interviewé. On traite de la conduite de l'entretien, pas de la technique de réponse.

1. La première technique à prendre en considération face à une question est celle du silence.
Pas le silence timide, gêné, angoissant, qui met mal à l'aise aussi bien celui qui en est à l'origine que son vis-à-vis. Non, un silence volontaire, tactique. Une façon de ne pas accepter le diktat de certaines questions et de s'emparer d'une part d'initiative en modifiant le rythme. Ne serait-ce que pour souffler un peu.
C'est particulièrement intéressant si vous êtes de ceux qui aiment parler. Quand on parle beaucoup, on dit toujours trop de choses. Et cette facilité peut avoir des conséquences dommageables car elle conduit souvent à répondre trop vite et donc d'une manière trop peu réfléchie. Ce temps de silence de quelques secondes vous permet de rassembler vos idées et de vous assurer que vous avez tous les éléments pour bien répondre.
Cette technique a un autre avantage. Très peu utilisée par les candidats, elle conduit le recruteur à se demander si vous l'avez bien entendu ou s'il a mal formulé sa question.
Si ce silence dure plus de deux à trois seconde, il prendra l'initiative de reformuler sa question, souvent différemment. Vous pouvez alors avoir la surprise de constater que la réponse qu'il attend de vous n'est peut-être pas tout à fait celle que vous pensiez. Et il sera temps de lui demander confirmation.
Par ce biais, on peut obtenir plus de précisions et des clarifications utiles.
Bien entendu, vous ne pouvez pas utiliser cette technique trop fréquemment, mais vous pouvez vous autoriser deux ou trois

séquences de ce genre. Le recruteur en déduira que vous avez un bon contrôle de vous-même et que vous ne vous laissez pas « embarquer » facilement.

2. La plus productive des techniques à votre disposition est celle de la reformulation. Comme son nom l'indique, cette technique consiste à reformuler, à réexprimer le propos ou la question qui vous a été adressée.
Pourquoi reformuler ?
Parce qu'il n'y a rien de plus désastreux que de s'engager sur une piste qui n'est pas celle sur laquelle vous étiez invité à vous exprimer. Il est donc nécessaire de vérifier la bonne réception du message.
Pour cela, on n'a pas trouvé mieux que de demander à l'émetteur du propos si on l'a bien compris :
Exemple :
• « *Parlez-moi de vous...* »
Réponse : « *Si je vous comprends bien, vous souhaitez que je vous parle de ma personnalité.* »
« *Oui, mais pas seulement... Je voudrais que vous me parliez de votre entourage, de vos projets personnels...* »
• « *La société a une croissance rapide...* »
Réponse : « *Vous voulez dire que ses dirigeants sont particulièrement dynamiques* ».
« *Je voulais surtout dire par là que la société à de fortes ambitions, des moyens, et qu'elle demande beaucoup à ses collaborateurs...* »
La reformulation permet de faire préciser le sens du propos, ou d'obtenir des compléments et avoir ainsi une réception correcte de ce qui a été énoncé.
Une excellente façon d'éviter bien des dérives et des désagréments car le recruteur ne vous corrigera pas toujours si vous répondez ou réagissez à autre chose qu'à son message d'origine. Il remarquera seulement que vous êtes centré sur vos idées et préoccupations et pourra conclure que vous n'avez pas une bonne écoute.
Cette technique, très classique, est valable pour tout le monde, mais elle sera tout particulièrement intéressante pour les candidats impressionnables ou timides. Leur inquiétude les fait souvent se troubler devant certains propos. Dans ces moments là, leur affectivité les conduit à « colorer » les mots et les idées qu'il reçoivent et à se dérégler.
La reformulation peut leur donner le recul et le temps nécessaires pour élaborer leur réponse et réagir avec plus d'assurance.
D'une façon générale, tenez compte du fait que, pour votre interlocuteur, votre manière de réagir à la question sera aussi impor-

tante, et quelquefois davantage, que le contenu de la réponse en lui-même.
Cette technique peut vous rendre, par ailleurs, de précieux services dans n'importe quelles occasions professionnelles ou privées.
Entraînez-vous avec des amis, des parents. Vous constaterez rapidement que vos échanges deviennent plus riches et que vos incompréhensions mutuelles diminuent.

UNE TECHNIQUE REINE : REFORMULER POUR COMMUNIQUER

Toute communication engendre ses propres phénomènes parasites. L'émetteur ne peut jamais être certain que tout son message sera vraiment compris. Quant au récepteur, on peut dire que le message qu'il enregistre n'est jamais totalement celui qui a été émis. Il n'est qu'à se référer à ces jeux qui consistent à se répéter un propos de bouche à oreille, et de constater le résultat après un enchaînement d'une dizaine de retransmissions.

Quand vous émettez un message oral, à la réception il va se répartir de la façon suivante :
• une première partie va être reçue comme elle a été émise, sans déformation ;
• une deuxième partie ne sera pas « entendue » par le récepteur. Votre message est amputé ;
• enfin, pour une troisième part, votre interlocuteur va « entendre » des choses que vous n'avez pas dites. Votre message est interprété et, donc, dévié.
C'est pour cela que, dans beaucoup d'occasions, nous nous comprenons mal et, par voie de conséquence, nous faisons des erreurs qui pourraient être évitées.
La reformulation, extrêmement efficace, est le seul véritable outil technique de toute conduite d'entretien. Elle est importante pour celui qui conduit l'entretien. Mais elle est aussi un excellent moyen, pour celui qui « reçoit », d'éviter les pièges de l'incompréhension ou les fausses pistes.
C'est aussi une technique efficace pour faire parler votre interlocuteur, l'inviter à poursuivre et à développer les notions qui vous intéressent.
Reformuler, c'est paraphraser le propos de l'interlocuteur en cherchant à conserver le sens et l'intention.

Comment reformuler ?
La méthode consiste à renvoyer à l'interlocuteur ce qu'il vient de dire immédiatement auparavant.
Mais attention à ne pas reformuler mot à mot, contentez-vous des idées, de l'état d'esprit.
Les expressions telles que : « *Si je vous comprends bien... selon vous... à votre avis... vous dites que... vous pensez que... vous avez l'impression que... vous avez le sentiment que...* » introduisent les reformulations.

L'attitude à adopter
Pour pratiquer la réexpression, on a intérêt à :
• éviter les questions ou les approbations,
• se garder de donner son point de vue, ses idées, ses solutions, à ce moment là,
• garder une complète neutralité, jusque dans le ton de la voix,
• s'abstenir d'interpréter ou de commenter ce qui est dit,
• s'interdire la critique, le jugement ou l'ironie.
On s'attache à refléter seulement les idées et l'état d'esprit de l'interlocuteur.
La reformulation améliore le climat et la qualité d'un entretien.

Veillez à votre expression

La manière de s'exprimer a évidemment une grande importance : c'est la voie royale pour vous faire comprendre. Bien s'exprimer suppose que l'on sache précisémment ce que l'on veut dire. La formule de Boileau a gardé toute son acuité : « *Ce qui se conçoit bien s'énonce clairement, et les mots pour le dire viennent aisément* »...

Sur un plan purement technique, tenez compte d'un certain nombre de facteurs.
• Parlez en termes précis et compréhensibles pour votre interlocuteur. Si vous employez des termes de métier, vous serez sûrement compris par un cadre ou un dirigeant de votre spécialité, mais pas par un recruteur professionnel. Si vous y êtes obligé pour la précision du sujet, excusez-vous auprès de votre interlocuteur. Prenez la précaution de lui expliquer de quoi il s'agit.

• Faites des interventions courtes. Sauf exception, votre interlocuteur a besoin d'examiner un nombre important de sujets en un temps très court. Faire de longs développements ne se justifie que si l'on vous y invite. N'oubliez pas, par ailleurs, que plus vous parlez, plus vous donnez à votre interlocuteur d'éclairages sur vous, jusqu'au moment où certains d'entre eux que vous préférez éviter vont émerger.
Etre court ne veut pas dire pour autant être sibyllin, voire à la limite du tempérament « coffre-fort ». Répondre par oui ou par non systématiquement n'est pas le meilleur moyen de vous présenter comme un interlocuteur intéressant.

• En entretien d'embauche, comme dans un entretien de vente, affirmer quelque chose n'est pas toujours suffisant pour convaincre. Sur des points importants, il faut que vous validiez votre pro-

pos par des exemples, des anecdotes, une lettre de recommandation, un rapport de stage, un certificat de travail élogieux après un CDD...
Vous affirmez que vous parlez anglais ? Alors dites-le plutôt en anglais.
En général, l'échange en langue étrangère ne durera pas. Mais vous aurez pris l'initiative de faire la démonstration, ce qui n'est pas courant.
Il ne s'agit pas d'avoir une démarche identique sur tous les points évoqués, mais vous devez être préparé à le faire sur tout ce qui est important et ne pas hésiter à prendre l'initiative le moment venu.

• Attachez-vous à utiliser un vocabulaire suffisamment varié pour vous faire bien comprendre et introduire les nuances qui vous paraissent nécessaires.
L'exigence dans ce domaine varie avec le niveau du poste. Evitez d'utiliser des termes dont vous avez entendu parler mais dont vous n'êtes pas certain, ou que vous n'avez jamais vu écrits. Vous pouvez faire des contresens ou les prononcer de travers. Un mauvais point pour vous si votre poste est censé vous obliger à des contacts variés, à l'intérieur de l'entreprise ou à l'extérieur. Prenez l'habitude de vérifier ces mots avant de les incorporer dans votre boîte à outils personnelle.

• Enfin, petite précaution à laquelle personne ne pense, ajustez le niveau de votre voix. Certains candidats ont une petite voix, d'autres ont l'habitude de parler bas, comme s'ils se parlaient à eux-mêmes, d'autres encore, au contraire, ont des voix de stentors, disproportionnées. Même quand vous avez un niveau de voix suffisant, l'environnement dans lequel vous êtes, le bruit ou l'agitation qu'il peut y avoir, vous obligeront à pousser la voix si vous voulez être entendu ou retenir l'attention. Il se peut aussi que votre vis-à-vis ait une petite surdité. Si c'est le cas, il aura lui-même tendance à parler plus fort que cela ne se justifierait. Tenez-en compte et élevez le niveau de votre propre voix.

Maîtrisez votre communication

Participer à un entretien, c'est communiquer. Or on communique aussi bien avec ce que l'on dit, qu'avec ce que l'on fait ou ce que l'on ne fait pas.
Observer un silence est une façon de communiquer, même si vous n'en avez pas conscience. Il signifie que vous réfléchissez, que vous vous interrogez ou, tout simplement, que vous hésitez ou refusez de répondre !
En entretien d'embauche, l'objectif, rappelons-le, est d'apparaître adapté à ce que l'entreprise recherche. Votre comportement au cours de l'entretien va participer pour une large part à cet acte de communication et de conviction.

Des études montrent que, dans la communication orale, ce qui est le plus important n'est pas ce que l'on croit.
• A lui seul, le langage du corps transmet 55 % du contenu du message.
• Le ton de la voix, le timbre, le débit de parole, les inflexions, participent pour 25 %.
• Quant aux mots, ils ne transmettent que 20 % du contenu du message !

C'est dire à quel point votre comportement joue un rôle clé dans la communication et donc, dans le résultat de l'entretien.
Regardez votre interlocuteur dans les yeux. « *Les yeux sont les fenêtres de l'âme* », dit-on. Votre interlocuteur y lira votre franchise, votre intérêt, votre conviction, votre détermination, votre optimisme et votre confiance. A moins qu'il n'y perçoive le doute, l'hésitation, un malaise devant une question qui touche un point sensible chez vous.
A l'inverse, en regardant ainsi votre vis-à-vis, vous vérifiez l'impact de votre propos, son intérêt ou non pour ce que vous lui dites.
Vous pourrez voir également s'il jette des regards furtifs à certains des dossiers qu'il a sur son bureau, s'il regarde un point que vous ne pouvez pas distinguer, que ce soit derrière vous ou par terre. C'est le signe que son esprit est perturbé par autre chose. Ce que vous dites ne l'atteint pas, ou mal. A moins que ce ne soit une petite mise à l'épreuve. Dans ce cas là, arrêtez-vous de parler. Ce silence va remettre votre interlocuteur sur ses pieds.
Tous les signes de professionnalisme que vous donnez sont également des actes de communication non parlés, mais forts. Les informations que vous avez recueillies sur l'entreprise, votre participa-

tion équilibrée à l'entretien, vos prises d'initiative face au recruteur, l'organisation de vos dossiers, la rigueur et la précision de vos réponses sont autant de gages de confiance et d'intérêt pour le recruteur.

Ne pas se dévaloriser, garder son sang-froid... Des actes qui parlent haut et fort de vous... sans paroles.

5. Les obstacles et les pièges

Faut-il répondre à toutes les questions ?

Il est toujours difficile de séparer ce qui ressort du domaine privé et du champ social courant. Comme il est difficile de savoir jusqu'où il est possible de révéler des informations sur sa vie privée. Peut-on se permettre de refuser de répondre à des questions sur la manière dont on a financé ses études ? Pourquoi une question sur ce que font vos parents serait-elle indiscrète ? Vous interroger sur vos ambitions professionnelles, vos objectifs personnels majeurs, est-ce de l'investigation normale de la part d'un employeur ou de l'indiscrétion ? Le débat n'est pas près d'être tranché. Chacun a sa propre vision des limites de sa sphère personnelle de vie privée.

Ce n'est pas sur ce plan qu'il faut rechercher les limites de ce qui est acceptable et de ce qui ne l'est pas. C'est plutôt le domaine de la vie intime et de la conscience personnelle qu'il faut retenir comme plan de clivage.

Vos relations personnelles, le genre de personnes que vous rencontrez régulièrement, les « boîtes » où vous allez, autant d'informations qui ne regardent que vous.

Vos opinions politiques n'ont pas à être révélées.

Vos projets de former une famille, d'avoir des enfants, tout ce qui a trait à la vie amoureuse n'a pas à être évoqué, encore moins commenté.

Les femmes sont les plus exposées à ce genre d'investigation. Non pas par curiosité malsaine, mais parce que beaucoup d'entreprises craignent les absences répétées de leurs collaboratrices, en cas de maternité, de maladie des enfants...

A la question : « *à quel âge avez-vous l'intention d'avoir des enfants ?* », vous pouvez tout simplement évacuer le sujet de la façon suivante : « *Cette question ne se pose pas actuellement. Mon objectif n°1 est d'être cadre dans les cinq ans. Cet objectif est suffisamment important pour que je ne pense pas à autre chose* ».

N'en dites pas plus.

La clarté de votre réponse, volontairement courte et péremptoire – même si elle est prononcée sur un ton aimable – montre suffisamment que vous refusez à votre interlocuteur la possibilité de franchir cette limite. Sauf exception, il aura compris le message.

Sans brutalité, vous sortez ainsi du piège. Par la même occasion, vous donnez à votre interlocuteur un élément positif pour votre dossier puisqu'il a la confirmation que votre investissement sur le plan professionnel est prioritaire.

Vous aurez aussi démontré que vous pouvez faire preuve de combativité et de prendre le risque d'une confrontation lorsque certaines de vos valeurs sont attaquées.

Déjouez les pièges

Attention, le terrain est peut-être miné !

En entretien d'embauche rien n'est anodin. Ce qui, dans d'autre circonstances, pourrait être négligeable peut cacher un piège. Il ne s'agit pas d'être paranoïaque, mais de rester vigilant et de garder votre calme, quoi qu'il arrive.
Un recruteur peut décider de vous mettre à l'épreuve en montant un petit scénario avec l'un de ses collaborateurs ou sa secrétaire. Ainsi, au beau milieu de l'entretien, vous pouvez voir arriver quelqu'un dans le bureau, sans s'annoncer ni se présenter, vous couper la parole et monopoliser l'attention de votre interlocuteur pendant quelques minutes.
Ne vous démontez pas. Ce petit incident, volontaire ou non, est là. Il faut l'accepter et vous y adapter.
Si l'intrus vous regarde en s'excusant, répondez-lui « *je vous en prie* » avec votre plus beau sourire. Occupez-vous, pendant l'interruption, à prendre les quelques notes que vous n'avez pas eu le temps de rédiger.
Notez quelque part le sujet sur lequel portait l'échange avant d'être interrompu.
Compulsez vos notes pour vous remémorer les points que vous devez explorer ou approfondir... Cette scène ne vous concerne pas.
Quand le visiteur sortira, agissez envers lui en fonction de son attitude vis-à-vis de vous.
S'il vous tend la main, levez-vous pour lui serrer la main. S'il ne le fait pas et qu'il vous ignore, regardez-le, au cas où..., mais sans plus. Et laissez votre recruteur reprendre l'initiative.
Si votre recruteur reprend son entretien en « oubliant » le sujet sur lequel vous échangiez, à la première occasion, proposez-lui de revenir sur le sujet :
« *avant que vous ne receviez cette visite, nous parlions de... me permettez-vous de compléter ma réponse ?* »

Plus difficile à supporter en entretien sont les gens qui sont régulièrement interrompus par le téléphone.
Que faire dans ce cas-là ?
Peu de chose si ce n'est souligner le moins possible l'interruption.
Interrompez-vous dès que le téléphone commence à sonner, même si vous êtes au milieu d'une phrase.
Notez ce que vous étiez en train de dire pour reprendre votre propos après.
Si c'est votre recruteur qui parlait, notez le sujet, dans le cas où il l'aurait oublié, de bonne foi ou non. En attendant, faites comme précédemment, compulsez vos notes, examinez ce que vous souhaitez encore traiter.
Nul doute également que votre interlocuteur cherchera à un moment ou à un autre à tester votre crédibilité sur des points essentiels – formation, stages, expériences...
Soyez prêt à présenter des justificatifs, s'il le souhaite.
Ayez en tête des anecdotes significatives, des événements éclairants qui attesteront de la réalité de ce que vous avancez en termes de résultats obtenus lors d'expériences, etc. En somme, soyez prêt à toute éventualité.
Et si vous ne pouvez pas répondre, dites-le carrément. N'essayez pas de biaiser, la franchise rapporte toujours plus que les fausses situations.

Des erreurs à ne pas commettre

Pêle mêle :

• Arriver en retard sans en avoir informé par téléphone préalablement.
• Se présenter comme si vous étiez au tribunal :
« *Mon nom est Dominique Sauval. Je suis née le 24 Janvier 1975 à Toulouse. J'habite 24, rue du Petit Pont à Asnières* »
- Ne rappelez pas votre nom, sauf exception.
- Rappelez seulement votre âge et votre situation personnelle.
- Synthétisez votre formation, vos expérience, votre intérêt pour le poste : « *J'ai 24 ans, je suis célibataire. J'ai un BTS de secrétariat de direction...* »
• Envahir le bureau de votre interlocuteur avec vos documents, votre bloc, votre agenda, votre attaché-case, etc.
• Vous installer sur le bureau pour prendre vos notes.
• Prendre des notes avec un crayon (attitude scolaire).
• Poser vos coudes sur le bureau.
• Noter tout ce qui se dit.

- Débiter, une à une, les questions d'une liste préétablie (attitude scolaire).
- Couper la parole de votre interlocuteur.
- Arriver dans le bureau avec votre autoradio extractible ou votre casque de moto à la main. Il vaut mieux le laisser au secrétariat.
- Prononcer « ouais » au lieu de oui.
- Mâcher du chewing-gum.
- Arriver une cigarette à la main.
- Accepter une cigarette.
- Avoir un téléphone portable en position « ouvert ».
- Vous faire accompagner par quelqu'un, même si cette personne attend dans la pièce d'accueil.
- Venir avec votre chien, quelles que soient les circonstances.
- Vous asseoir avant qu'on ne vous le propose.
- Prendre l'initiative de présenter votre candidature sans y avoir été invité.
- Entrer dans le bureau sans frapper ou sans y avoir été formellement convié.
- Demander les toilettes en arrivant.
- Les tenues de week-end, même si vous en revenez.
- Un décolleté, une jupe courte, un chemisier transparent...
- Porter un parfum agressif.
- Jouer la séduction auprès du recruteur, même s'il est beau comme un dieu.
- Draguer la secrétaire ou, au contraire, la prendre de haut.
- Faire une remarque sur le personnel, sauf si c'est un compliment.
- Conserver imperméable ou manteau pendant l'entretien.
- Retirer sa veste, même s'il fait chaud et que vous y êtes invité.
- Se laisser choir dans le fauteuil ou sur la chaise, comme si vous étiez déja épuisé.
- S'avachir dans le fauteuil ou sur la chaise...
- Et la liste n'est pas exhaustive...

Deux cas typiques de difficultés particulières

Que faire devant un recruteur qui parle peu ?

Vous disposez de deux outils efficaces

Outre la reformulation que nous avons déjà vue, il y a la technique des questions ouvertes. Votre tactique doit, dans ce cas, consister à encourager votre interlocuteur à aller le plus loin possible dans chacun de ses propos.

Les questions ouvertes (voir encadré) sont des questions posées de telle façon qu'elles nécessitent un minimum de développement. On ne peut pas y répondre par oui ou par non, ni en quelques mots. Exemples de questions ouvertes :

- « *Qu'attend le chef de fabrication du collaborateur qu'il recherche actuellement ?* »

Ou bien, en rebondissant sur ce que le recruteur vous dit :

- « *Vous venez de faire allusion aux difficultés que rencontre le service production pour honorer ses délais. Comment l'entreprise envisage-t-elle d'y remédier ?* »

Rebondir avec de telles questions ouvertes provoque des réponses plus longues et plus complètes que si vous disiez :

- « *l'entreprise a-t-elle pris les dispositions qui s'imposent ?* » à laquelle on pourrait tout simplement répondre par « *oui, bien sûr* ».

QUESTION OUVERTE OU FERMÉE ?

La question fermée
Elle ferme le dialogue en le limitant à une réponse courte (oui, non, demain, en train...).
Elle est introduite par des mots tels que :
où, combien, qui, quand, est-ce que (est-ce que vous connaissez ?...), quel + un nom (quel âge ?...), ou le verbe en début de phrase (Faites-vous...), les pronoms interrogatifs (lequel, laquelle...).

La question ouverte
A l'inverse, ce type de question donne à l'interlocuteur toutes possibilités de s'exprimer largement et de présenter son point de vue.
Elle est introduite par des mots tels que :
comment, pourquoi, que (pensez-vous...), quel (est votre avis...).

Exemple de question fermée :
« *Appréciez-vous l'idée d'un poste à l'étranger ?* »
Exemple de question ouverte :
« *Que pensez-vous d'un poste à l'étranger ?* »

C'est souvent la question ouverte qui sera utilisée pour approcher vos qualités personnelles, vos motivations, votre façon d'envisager votre rôle...
A la place qui est la vôtre dans l'entretien, cette technique vous permettra d'inciter votre interlocuteur à élargir l'information qu'il vous livre : « *Comment envisagez-vous l'intégration de vos nouveaux collaborateurs ?* »

Que faire devant un interlocuteur qui monopolise la parole ?

Vous trouverez ce défaut principalement chez les recruteurs ponctuels, les cadres ou dirigeants d'entreprise. Quand ils sont passionnés par ce qu'ils font ou par l'entreprise en elle-même, ils se montrent intarrissables. Susceptibles de passer des heures à vous parler des réussites et des projets de l'entreprise, ils ne s'apercevront que dix minutes avant l'heure d'un autre rendez-vous qu'ils ne vous ont rien demandé. Ils se sont écoutés, mais il ne connaissent rien de vous.
Attention, danger !

Vous pouvez agir de la manière suivante :
• écouter votre interlocuteur avec intérêt ;
• demander des précisions pour prendre pied dans ce qui n'est pour le moment qu'un monologue ;
• progressivement relancer avec des questions qui vont dans une direction intéressante pour votre propre collecte d'informations.
Entre-temps, il vous aura dit beaucoup de choses qui vous intéressent et qui répondront sans doute à une partie de vos propres questions. Un recruteur aussi, quand il parle trop, en dit toujours un peu plus qu'il ne le voudrait ;
• rechercher toutes les occasions où vous pouvez prendre la parole pour ramener votre interlocuteur sur le sujet en prenant appui sur ce qu'il vient de dire :
« *On voit que vous attachez une grande importance au service clientèle, qu'attendez-vous de vos collaborateurs à cet égard ?* » ;
• enfin, si tout cela n'est pas suffisant pour que vous ayez pu donner une illustration correcte de votre candidature, prenez l'initiative, en fin d'entretien, de lui expliquer pourquoi vous pensez correspondre à ses besoins.
Appuyez-vous sur ce qu'il a dit (prendre quelques notes rapides au passage), posez-lui éventuellement une question complémentaire et présentez vos arguments.
N'hésitez pas à lui demander ensuite comment il perçoit votre candidature !

6. Tout ce que vous avez toujours voulu savoir...

Comment faire face à une mise en situation ?

La mise en situation est une forme de test placé à un moment inattendu.

• « *Votre patron vous apporte un travail urgent alors que vous êtes à 30 min de votre horaire de sortie. Qu'elle sera votre réaction ?* »

• « *Votre machine tombe en panne et votre contremaître est occupé. Que faites-vous ?* »

• « *On vous apporte un dossier que vous ne connaissez pas pour une réunion du lendemain. Comment allez-vous organiser votre prise de connaissance de ce dossier ?* »

Ne vous précipitez pas pour répondre.

Posez des questions pour avoir des éléments d'appréciation suffisants.

Donnez-vous quelques instants pour réfléchir, puis répondez en fonction de ce que vous pensez et de l'état d'esprit de l'entreprise, tel que vous aurez pu l'apprécier au cours de l'entretien.

A quel moment aborder les questions qui vous intéressent ?

Il n'y a pas de moment privilégié. C'est tout au long de l'entretien que vous allez conforter votre information. Certains points n'auront pas été abordés et il conviendra de le faire avant la fin de l'entretien. Prenez-en vous-même l'initiative.

En revanche, vous devez impérativement obtenir, le plus tôt possible dans l'entretien, des précisions sur les attentes de l'entreprise qui vous restent inconnues

C'est essentiel pour que vous puissiez concentrer votre argumentation sur les points de votre profil en rapport avec ces critères.

Faut-il prendre des notes ?

Ce n'est pas interdit, c'est même utile. Mais, vous devez tenir compte du fait que lorsqu'on écrit, on n'est plus vraiment disponible pour ce qui se dit et ce qui se passe ; votre regard quitte momentanément la scène.

Restez aussi complètement que possible immergé dans l'entretien et rien d'autre.
Eventuellement, prenez au passage quelques chiffres, un nom, un mot qui vous rappellera ultérieurement quelque chose d'utile... Profitez des éventuelles interruptions pour griffonner les quelques mots que vous pourrez ensuite réintégrer dans le contexte si cela vous paraît utile.
Il vaut mieux que vous fassiez un compte-rendu écrit des points clés de cet entretien lorsque vous serez sorti.

Quand et comment aborder la question du salaire ?

Bien que ce ne soit pas la majeure préoccupation quand on est à la recherche de son premier emploi, c'est une considération qui doit être prise en compte.
Ne perdez jamais de vue que l'attitude fondamentale à tenir est celle d'un « prestataire de services ». Le salaire fait donc partie des questions à aborder si les indications ne vous ont pas été fournies. La période la plus adéquate se situe à la fin de l'entretien, avant la conclusion. Il vous suffit d'aborder la question sous une forme et un ton très naturels :
« *Vous ne m'avez pas encore informé sur la rémunération...* »
« *Maintenant que nous avons traité l'essentiel des questions relatives au poste, pourriez-vous me donner un aperçu du niveau de salaire prévu ?* »
N'attendez pas des informations trop précises lors d'un premier entretien. Même quand il s'agit de quelqu'un qui débute, il est fréquent que l'employeur veuille en connaître suffisamment sur la personne qu'il engage pour arrêter définitivement le niveau de rémunération. Il n'y a guère que dans les grandes entreprises, où les choses sont codifiées en fonction d'un niveau d'études et des conventions internes, que les choses sont arrêtées à l'avance et intangibles.

Dans bien des cas, cependant, la question aura été anticipée par le recruteur si cette information ne figure pas sur l'annonce :
« *quel niveau de rémunération recherchez-vous ?* »
Il se peut même que votre interlocuteur réagisse ainsi lorque vous lui demanderez quel est le salaire prévu pour le poste.
Ce type de question est toujours un piège pour quelqu'un qui n'a pas encore un salaire personnel de référence.
Pour la traiter correctement, il faut y avoir réfléchi auparavant.

La presse publie régulièrement des études sur le sujet. Consultez toutes celles que vous pouvez trouver, ne restez pas sur une seule information, vous aurez une appréciation plus juste. Vous pouvez également vous positionner par rapport au salaire de l'une de vos connaissances, de formation équivalente, actuellement en poste. Mais là encore, rien ne peut véritablement être formalisé, car d'une entreprise à l'autre les niveaux de rémunération changent. N'oubliez pas non plus qu'en général une petite entreprise aura des salaires d'embauche souvent inférieurs à ceux d'une grande compagnie. En revanche, elle peut présenter un potentiel d'évolution plus rapide sur ce plan, en fonction de vos résultats personnels. C'est à prendre en considération dans vos estimations.

Quoi qu'il en soit, l'attitude à tenir sur le sujet est de situer un niveau de départ :
« *je souhaite un salaire minimum de... pour débuter* ».
Le plus important est d'avoir des informations sur vos perspectives raisonnables d'évolution en fonction de votre profil et de la politique de l'entreprise à ce propos. Les employeurs sont plus ouverts à des évolutions de rémunérations sensibles quand un collaborateur a fait ses preuves qu'à un salaire de départ supérieur à ce qu'ils ont prévu.

SACHEZ PARLER D'ARGENT

Lorsque vous voulez indiquer un niveau de rémunération, ne donnez pas un chiffre précis. Exprimez votre estimation sous forme d'une fourchette relativement serrée (23 à 24 000 euros par an, par ex.). Si vous donnez une fourchette à 10 000 près, vous ne serez pas crédible dans le cadre d'un poste de début de carrière.

Retenez que...
La rémunération doit être formulée en total annuel et non par mois. Certaines entreprises paient leur personnel avec un 13ᵉ, voire un 14ᵉ mois. La rémunération mensuelle ne veut rien dire dans ce cas. La rémunération s'exprime sous une forme globale, toutes primes, congés payés et mois supplémentaires confondus.
Annoncez 23 à 24 K€/an (1 K€ = 1 000 euros...) ou 23 à 24 000 euros par an.

Le chiffre à annoncer est un chiffre brut, c'est-à-dire avant déduction des charges sociales du salarié. Ne parlez surtout pas d'un salaire net, c'est un langage que l'entreprise ne comprend pas. Elle ne parle qu'en montant brut.

---

7. La conclusion de l'entretien

Avant de vous séparer, il est normal qu'une séquence de l'entretien soit affectée à conclure. Cette période de synthèse aura toujours lieu quand vous aurez en face de vous un professionnel du recrutement. Elle sera d'autant plus approfondie que l'entretien aura donné satisfaction.
Avec un recruteur ponctuel, donc un cadre ou un dirigeant de l'entreprise, il est assez fréquent que cette partie de l'entretien soit relativement escamotée.
Une remarque du type « *Bon, nous allons réfléchir et vous tenir au courant* » n'est pas une conclusion.
Ce sera à vous, dans ce cas, de provoquer cet échange nécessaire à votre propre évaluation de la situation.
Tentez d'obtenir une synthèse de l'opinion de votre recruteur.
Dites-lui, par exemple :
« *Comment appréciez-vous, à première vue, mon dossier par rapport à vos attentes ?* »
« *Quels sont, à votre avis, mes atouts pour rejoindre votre équipe ?* »
« *Puis-je vous demander votre analyse de la situation ?* »

Il est aussi intéressant, sur le plan de la conduite ultérieure de votre action, de comprendre aussi bien ce qui a été retenu comme positif que ce qui est considéré comme une faiblesse.
Dans le cas où vous avez le sentiment que les choses ne se sont pas bien passées, n'hésitez pas à demander à votre interlocuteur de vous aider à comprendre où se situe la difficulté, à ses yeux.
« *Je crains de ne pas vous avoir convaincu. Accepteriez-vous de me dire pourquoi ?* »

Il est assez fréquent que le recruteur vous demande, à son tour, comment vous réagissez par rapport à la proposition qui vous est faite, comment vous ressentez les choses, quelle est votre appréciation personnelle des difficultés du poste et comment vous visualisez vos chances de réussite.
C'est bon signe, mais attention, ce genre de propos n'est pas une clause de style. C'est une façon, pour le recruteur, de vérifier la cohérence des informations recueillies jusque-là.
Rassemblez vos idées. Au besoin, aidez-vous de vos quelques notes pour dresser une énumération de ce que vous avez appris sur le profil du poste, sur ses contraintes, ses avantages, son intérêt. Mais ne vous précipitez pas...

Dites comment vous avez le sentiment que cette proposition s'inscrit dans votre projet professionnel, ce qui vous intéresse et vous motive.
Rappelez vos atouts pour le poste tels que vous les identifiez.
Demandez-lui s'il fait la même analyse que vous et dites-vous confiant dans le développement de votre relation...
Si votre dossier est considéré comme intéressant, il vous demandera très probablement si vous maintenez votre candidature.
Dites-lui, si c'est le cas, votre intérêt et votre plaisir à la perspective de continuer le processus. Mais, dans toute la mesure du possible, ne répondez pas à chaud. Gardez-vous un temps de réflexion, voire quelques jours. Une réponse à une proposition d'engagement sous 24 à 48 heures est toujours bien acceptée.

8. Réussissez votre sortie

L'entretien est terminé. Le recruteur vous raccompagne à la porte de son bureau. On échange des propos anodins...
Restez vigilant, surtout si vous êtes face à un professionnel du recrutement.
Il sait très bien qu'après la période de tension et d'attention que vous venez de vivre, vous allez baisser votre garde. Dans ces moments-là, la plupart des candidats relâchent leur attention et certains recruteurs « mal intentionnés » en profiteront pour capter des signes supplémentaires qui viendront compléter leur appréciation.
Certains iront jusqu'à feindre avoir omis de poser une question concernant un « détail » et vous la poseront, là, debout dans le couloir, la main sur la poignée de la porte.
Mais, pour l'essentiel, c'est sur votre comportement des quelques instants avant le franchissement du seuil que se fera cette collecte de dernière minute.

Votre démarche et votre vitesse de déplacement par exemple :
« *Tiens vous boîtez ! Je ne l'avais pas remarqué. Que vous est-il arrivé ? Ah, le foot !... Vous ne m'aviez pas dit que vous jouiez au foot ! Vous n'avez jamais été blessé ?* »
Une démarche dynamique, le corps bien droit, un sourire large et une bonne poignée de main vont confirmer votre tonicité et votre aisance relationnelle.
Une démarche lourde, la tête dodelinante, une infinie lenteur pour enfiler un imperméable ou un manteau et vous venez d'indiquer à votre interlocuteur que vous êtes probablement moins énergique que vous avez cherché à l'en convaincre tout au long de l'entretien.

En résumé, vous devez veiller à laisser une toute dernière image positive.
Il faut faire en sorte qu'elle soit dans le droit fil de celle que vous voulez donner. Cette impression-là, au sens photographique du terme, est celle qui va rester dans l'esprit du recruteur, juste avant qu'il rejoigne son bureau pour prendre ses dernières notes sur cet entretien.
Les dernières images qu'il aura de vous vont influencer son opinion, soit en la confortant, soit au contraire en installant un doute. Evitez de laisser une incertitude derrière vous.

PARTIE V

RENTABILISEZ L'ENTRETIEN

1. Evaluez votre prestation

Quel que soit le sentiment ou l'intuition que vous pouvez avoir sur le résultat de votre entretien, vous avez avantage à faire un debriefing pour objectiver les choses. Pour que cela soit efficace, faites-le dans la demi-journée qui suit et, autant que possible, avant un second entretien, pour éviter les superpositions et les mélanges.

Votre travail sera facilité si vous utilisez une fiche bâtie (voir page suivante)
La fiche proposée peut être remplacée par toute autre formule qui vous convient. Mais il est important que les résultats de votre réflexion soient écrits.
En premier lieu, parce que l'écrit oblige à cristalliser ses pensées.

Ensuite, parce qu'il vous restera une trace et qu'il vous sera possible de comparer le résultat de vos entretiens en fonction de différents critères :

- type d'interlocuteur,
- nature de l'entreprise,
- cabinet ou réception en entreprise,
- premier ou deuxième entretien...

Vous pourrez aussi mesurer les progrès réalisés sur une certaine période et vous identifierez facilement les points qui continuent à vous poser problème.
Enfin, ces fiches vont vous guider efficacement pour les entretiens suivants avec la même entreprise.

Entretien du : .... **Lieu :** Entreprise ❑ Cabinet ❑

Entreprise : .... **Intitulé du poste :** ....

Interlocuteur : .... **Fonction :** ....

Description précise du poste : ....
....
....

Intérêts du poste : **Inconvénients du poste :**

Mes atouts pour le poste : ***Ont-ils été bien exploités dans l'entretien*** **rquoi ?**

→ **oui / non**
→ **oui / non**
→ **oui / non**
→ **oui / non**
→ **oui / non**
→ **oui / non**

Mes faiblesses pour le poste : ....
....
....
....
....

Quelles ont été mes erreurs ? : ....
....
....
....
....

Quelles sont les choses que j'ai bien réussies ? : ....
....
....
....
....

Recommandations pour le prochain entretien : ....
....
....
....
....

2. Atténuez vos points faibles

Identifier les choses qui ne vont pas est fondamental. Mais ce n'est pas suffisant pour régler la question. Sur la base de vos constats, il vous faut rechercher des solutions.

Si vous constatez que c'est votre préparation qui est en cause, prenez des dispositions pour éviter le même piège la prochaine fois.

Si vous pensez que vous avez insuffisamment développé un point particulier, réflechissez et préparez des éléments.

Si vous constatez que vous butez sur une question de connaissance ou d'expérience particulière, que pouvez-vous faire pour l'acquérir ou la compenser ?

Si cela vous paraît insurmontable à court terme, vous devez peut-être envisager d'autres cibles.

Personne ne prétend que les solutions sont toutes faciles à trouver. Mais vous approcherez plus facilement des solutions réalistes si, au lieu de réagir à partir d'impressions plus ou moins floues, vous faites ce travail d'analyse et de recherche de solutions.

Faites travailler votre imagination, posez des questions à ceux qui peuvent y répondre.

En tout cas, bougez dans les directions qui vous sont indiquées par les analyses que vous avez faites après entretiens et mettez en œuvre les solutions que vous aurez déterminées.

3. Complétez votre information

Dès qu'un entretien vous paraît pouvoir déboucher sur une suite, il est particulièrement recommandable de compléter vos informations sur l'entreprise. Celles que vous avez déjà réunies auront peut-être été enrichies au cours du premier entretien, mais c'est le moment d'aller plus loin pour avoir une vision beaucoup plus précise de la société et de son environnement, afin d'exploiter ces informations lorsque vous serez mis en relation avec les cadres et les dirigeants et que vous les rencontrerez.
Dès le deuxième entretien, vous avez tout avantage à montrer que vous avez une bonne vision de la réalité de l'entreprise avec laquelle vous dialoguez. On comprend mieux les attentes d'une entreprise vis-à-vis des hommes lorsque l'on connaît mieux sa dynamique et ses contraintes réelles.
Il est évident que tout ce que vous aurez appris sur l'entreprise au cours de cet entretien va être utile pour avoir une vision plus complète et concrète.

L'entreprise fabrique des autocuiseurs ? Renseignez-vous chez les commerçants susceptibles d'en vendre :
- quelle est leur opinion sur l'entreprise ?
- Identifiez les revues susceptibles de vous donner des renseignements sur le marché, sur la distribution de ce genre d'accessoires ménagers, allez chez un grand distributeur et demandez au vendeur quelles sont les autres marques.

En agissant ainsi vous allez acquérir une meilleure compréhension de la personnalité de cette entreprise et vous apprécierez mieux l'environnement dans lequel elle se développe.
Vous comprendrez mieux aussi ses contraintes.
Connaissant mieux l'entreprise, vous apprécierez mieux son état d'esprit pour pronostiquer les qualités qu'elle peut demander aux candidats. Votre tactique, au cours des entretiens suivants, consistera à concentrer vos arguments sur ces qualités-là.
Chemin faisant, vous allez acquérir une culture sur le monde de l'entreprise qui vous sera utile le moment venu.

Vous pouvez rassembler les différentes informations recueillies sur une fiche bâtie sur le principe suivant :

Nom de l'entreprise : .... **Activité :** ....

Adresse : ....
....
....
N° de téléphone : ....

Effectifs : **Chiffre d'affaires :**
Capital social : **Forme juridique :**

Principaux responsables :
Président :
Directeur général :
Directeur financier :
Directeur commercial :
Directeur ou chef du personnel :

Principaux produits :
....
....

Groupe : .... **Origine du groupe :** ....
Autres activités du groupe : ....
....
....

Informations sur le secteur d'activité de l'entreprise : ....
....
....
....

Positionnement et image de l'entreprise : ....
....
....
....

Contraintes probables du poste : ....
....
....
....

Qualités et compétences les plus nécessaires pour le poste : ....
....
....
....

4. Relancez : quand ? comment ?

Tout d'abord, rappelons que la personne à relancer est celle que vous avez rencontrée (et non l'entreprise, au cas où vous auriez eu un entretien avec un cabinet). Sans doute aurez-vous défini avec votre recruteur le délai sous lequel il lui paraissait possible de vous informer valablement. Si c'est le cas, respectez ce qui a été convenu. N'appelez pas le jour dit, laissez passer 24 ou 48 heures supplémentaires.

Si rien ne vous a été formellement indiqué, prévoyez votre relance deux semaines après l'entretien.
Avant d'appeler, prenez la précaution de relire les notes que vous avez prises en sortant de l'entretien, regardez la fiche d'information que vous avez réalisée sur l'entreprise et préparez ce que vous allez dire. N'oubliez pas que votre interlocuteur sera fortement sollicité. On peut comprendre que, pour préserver son temps, il ait tendance à installer un barrage téléphonique.

Préparez ce que vous allez dire à sa secrétaire et ce que vous allez répondre si elle vous dit qu'il est trop tôt pour vous renseigner ou autre chose qui ne correspond pas à votre attente:
Exemple :
« *Bonjour, Madame, je suis Claude Mansart. J'ai rencontré monsieur Denis le 24 Février à propos d'un poste de technicien méthodes de fabrication. Il m'a proposé de le rappeler. Pourriez-vous me le passer ?*
– Il est en réunion... Je peux peut-être vous renseigner...
– Je vous remercie, mais je pense que c'est difficile. Je dois m'entretenir avec lui des suites de notre rencontre. Je souhaite d'ailleurs lui communiquer une information complémentaire qui, je pense, devrait l'intéresser... A quelle heure est-il possible de le joindre ? »

Faites toujours en sorte d'avoir directement en ligne la personne que vous avez rencontrée. Sa secrétaire n'a pas autorité pour prendre des initiatives sur un sujet de cet ordre et elle ne peut que vous donner une réponse de principe :
« *la décision n'est pas encore prise* » ou... « *dès que l'analyse des candidatures sera terminée, nous vous recontacterons...* »

Lorsque vous aurez la personne souhaitée en ligne, appelez-la par son nom et rappelez le vôtre :
« *Bonjour monsieur Denis, Claude Mansart à l'appareil...* » et non « *Bonjour monsieur, je suis monsieur Mansart !* »

Faites référence à votre entretien. Dites l'intérêt que vous continuez à porter à cette offre. Demandez-lui quelle est, à ce stade, son analyse de votre candidature, comment va se présenter le déroulement des choses, sous combien de temps vous pouvez espérer passer à l'étape suivante, qui vous devriez rencontrer la prochaine fois ? Etc.
Vous pouvez profiter de ce contact pour lui demander de vous fournir une indication supplémentaire sur l'entreprise ou sur le poste, histoire de confirmer l'intérêt que vous portez à l'offre. S'il vous répond de bonne grâce, c'est plutôt bon signe.

C'est évidemment plus performant si vous pouvez lui faire part d'une information que vous avez recueillie sur l'entreprise et qui vous paraît intéressante.
Exemple :
« *J'ai appris que vos résultats financiers ont augmenté de 20 % l'année dernière et que vous vous attendez à de très bons résultats également cette année. Confirmez-vous cette information ?* »
Ou,
« *La presse indique que votre secteur d'activité devrait retrouver prochainement une nouvelle croissance. Qu'en dit-on dans l'entreprise ?* »

Tout ce qui peut confirmer votre intérêt pour l'entreprise joue en votre faveur. Tant que la décision finale n'est pas prise, exploitez toutes les occasions pour confirmer votre motivation et votre implication pour le poste. Au plan de la technique d'entretien, prenez le parti de poser un maximum de questions ouvertes pour inciter votre interlocuteur à développer ses propos. Plus vous le ferez parler, plus vous aurez de chances d'apprendre de choses utiles à votre démarche.

5. Rentabilisez les réponses négatives

Vous seriez bien le seul candidat à ne pas recevoir de réponses négatives. Cela n'existe pas. Sur ce point, vous serez logé à la même enseigne que tous les autres candidats. Ce qui peut vous distinguer des autres, c'est l'exploitation que vous allez faire de ces insuccès.

Il est impératif que vous contactiez le responsable de ce recrutement pour lui demander qu'il veuille bien vous expliquer les raisons réelles de l'échec de votre candidature. Dites-lui que vous comprenez parfaitement qu'il ne peut y avoir qu'un seul élu, que votre propos n'est pas de critiquer sa décision.

Vous comptez sur lui pour vous communiquer ce qui a joué « contre » vous afin que vous puissiez ajuster vos prochaines recherches. Demandez-lui son opinion sur ce qui a été considéré comme des points forts pour vous dans ce recrutement.
Progressivement, ces informations recoupées par d'autres avis et rapprochées de vos propres constats vont vous permettre de valider vos propres analyses et vous faire progresser.

6. Organisez-vous pour les entretiens suivants

Nous ne le répèterons jamais assez, chaque entretien est unique. Quand, dans le cadre d'un même recrutement, vous avez un entretien avec d'autres interlocuteurs, vous devez vous préparer spécifiquement pour mettre, chaque fois, les meilleures chances de votre côté.
Informez-vous sur le statut ou la responsabilité de votre prochain interlocuteur.
Préparez les questions auxquelles il est le plus à même de répondre, essayez d'anticiper le type de questions qu'il peut être amené à vous poser par la fonction qu'il occupe dans l'entreprise. (voir tableau : « Adaptez-vous au profil des recruteurs », p. 65).
Déterminez l'attitude optimale à adopter avec lui. Listez les sujets qui sont les plus à même de retenir son intérêt.
Si, lors du premier entretien, vous n'avez pas obtenu toutes les précisions que vous souhaitiez sur le poste, c'est le moment de les compléter.
Préparez-vous à lui confirmer les raisons de votre intérêt pour le poste, ce que vous avez appris depuis le premier entretien qui vous a conforté dans votre position.
Ce deuxième contact doit vous permettre d'en apprendre davantage sur les conditions matérielles liées au poste à pourvoir : ce que l'on attend concrètement du candidat, les moyens mis à disposition pour réaliser la mission, le contexte de l'entreprise et du service, comment est prévue la mise en route et le salaire d'entrée qui vous serait proposé.
C'est le moment de demander s'il vous est possible de visiter l'entreprise. Notez mentalement tout ce qui vous paraît intéressant lors de cette visite. Imprégnez-vous de l'ambiance, posez des questions intéressantes. Soyez actif.
A la fin de cette visite, votre interlocuteur aimera connaître votre sentiment.

7. Exploitez les entretiens successifs

Si vous êtes candidat à un poste de responsabilité fonctionnelle (c'est-à-dire sans responsabilité directe d'une équipe) ou de responsabilité hiérarchique, il est courant d'avoir trois, voire quatre entretiens successifs, selon l'organisation de l'entreprise et la nature du poste.
L'entreprise ne veut pas se tromper et, si votre candidature l'intéresse, elle multipliera les éclairages pour se rassurer.
Ce qui veut dire qu'à la suite de chaque nouvelle rencontre, il est très souhaitable que vous fassiez un nouveau compte-rendu d'entretien et que vous complétiez la fiche d'information sur l'entreprise.
Chaque nouvelle rencontre est une occasion d'approfondir vos connaissances sur l'entreprise, son état d'esprit, les valeurs en place, les idées et les mots qui reviennent le plus fréquemment.
Si vous avez fait de nouvelles erreurs au cours de cet entretien, notez-les.
Si ce sont des erreurs que vous avez déjà constatées, même si elles ne sont pas conséquentes puisque votre candidature suit son cours, attachez-vous d'urgence à les résoudre.
En mettant, chaque fois, noir sur blanc, vos constatations et vos commentaires, en analysant votre propre prestation, vous ajustez au plus près votre manière d'aborder l'entretien suivant. Votre technique s'affine. Jusqu'au jour où vous aurez la confirmation que vous êtes bien le candidat définitivement retenu.

CONCLUSION

L'entretien est le couronnement de votre démarche de recherche d'emploi. (Enfin presque, la véritable consécration se savoure à la réception de votre lettre d'engagement.) L'entretien est un moment passionnant et délicat à la fois où les phénomènes de communication jouent un rôle de premier plan.

Mais, là comme ailleurs, c'est avant tout l'adoption d'une méthode rigoureuse dans la démarche, l'analyse de ce qui se passe au cours de l'entretien, la volonté d'aboutir, l'identification des erreurs commises et leur réajustement qui vous feront progresser et gagner en efficacité.

En entretien d'embauche, il n'y a pas de bons ou de mauvais candidats. Il n'y a que des candidats bien ou insuffisamment adaptés à ce que recherche l'entreprise.

Toute votre énergie doit donc être mobilisée pour démontrer que votre candidature s'adapte aux besoins de l'entreprise.

Et, pour cela, votre préparation est primordiale.

Un CV adapté, un projet professionnel clair, des motivations précises, l'anticipation des attentes de l'entreprise et la mise au point des réponses les plus aptes à rassurer le recruteur forment la base d'un bon entretien d'embauche.

Un entretien est tout sauf un moment d'improvisation.

C'est donc du travail.

Il n'y a que dans le dictionnaire
que le mot « succès » vient avant le mot « travail ».

ANNEXES

1. L'art de se mettre sur la même longueur d'ondes

La PNL (Programmation Neuro Linguistique) est souvent présente dans les formations commerciales. Sans entrer dans le détail de ce qu'elle nous enseigne, certains outils, bien intégrés et bien utilisés, peuvent être très utiles pour un entretien d'embauche.

La posture

Vous êtes face à un interlocuteur qui adopte une attitude fermée (bras croisés, incliné en arrière, gestes rares...). Toute l'astuce consiste pour vous à adopter au départ une attitude similaire puis progressivement à entraîner votre interlocuteur à avoir une attitude plus ouverte.

La voix

Votre interlocuteur a un débit rapide, pressé, hâché. Débutez vos réponses sur le même ton puis ralentissez progressivement (pour ne pas lui donner l'envie de vous couper) votre débit de paroles pour calmer votre interlocuteur (guidage). Au contraire, la voix est lente, posée et votre interlocuteur respecte de longs silences. Prenez le temps de la réflexion, parlez lentement et surtout, lorsque vous avez répondu, évitez de repartir sous prétexte que votre interlocuteur garde le silence. Il teste votre maîtrise de vous-même, votre degré de conviction et d'assurance. Le silence est beaucoup plus gênant pour vous que pour lui, mais laissez-le le rompre.

Le mode de perception

Chaque individu a un mode de perception privilégié : visuel, auditif, olfactif, kinesthésique. Ce mode s'identifie aux expressions de votre interlocuteur. Exemples :

- *je vois, c'est clair :*

c'est un visuel. Utilisez des images pour vous exprimer.

- *je sens chez vous, cela me touche, j'aime...*

c'est un kinesthésique. Utilisez des sentiments.

- *j'entends bien, cela sonne juste, je me dis,...*

c'est un auditif. Le rythme, le timbre, le ton, le volume de votre voix seront déterminants bien plus que le contenu de votre message. Imaginez que vous parlez à la radio.

L'humeur

Votre interlocuteur est apparemment tendu, irrité, contrarié, de mauvais poil. Evitez le sourire béat. Vous ne parviendriez qu'à l'exaspérer un peu plus. Synchronisez-vous sur sa posture, sa voix pour progressivement l'amener à se détendre.

Votre interlocuteur est-il parent, adulte ou enfant ? Brève incursion dans l'analyse transactionnelle

Un interlocuteur PARENT vous parlera de valeurs, de normes, de règles qui sont pour lui essentielles et que vous partagerez, comme de bien entendu. Il peut être parent nourricier, un peu paternaliste, manifestant pour vous de l'attention, de la compréhension, cherchant à vous apporter un réconfort, une aide, un conseil. Evitez de réagir en enfant rebelle.
Un interlocuteur ADULTE s'en tient aux faits, aux chiffres, se méfie des sentiments, raisonne froidement, objectivement. Vous pratiquez un sport, à quelle fréquence, quel est votre niveau ? Vous avez effectué un stage de vente : quels ont été votre degré d'autonomie, vos responsabilités précises et vos performances ? Soyez concis, factuel, clair, précis, motivé mais sans états d'âme.
Un interlocuteur ENFANT est plus ludique, plus spontané. Il aime que des émotions, des sentiments passent. Il voudra être surpris, amusé, connaître vos passions, passer un moment détendu.

La reformulation

S'il y avait une seule technique à retenir et à travailler, c'est incontestablement celle-là.
Elle consiste à redire de manière plus concise ce que vient d'exprimer votre interlocuteur avant de répondre.
Exemples :
Si je vous ai bien compris ......, autrement dit ......, selon vous ......, si je comprends bien ......, ce qui vous tient à cœur (pour un kinesthésique) ......, *ce que vous voulez comprendre* (pour un ADULTE) ......, *J'ai bien senti que ce point est essentiel pour vous, mais pouvez-vous me préciser ......*
Si la personne acquiesce, apportez votre réponse.
Si votre interlocuteur corrige votre perception, reformulez à nouveau.

Soyez inspiré

Votre entretien se termine : laissez un ancrage. L'ancrage est un geste, une attitude plus ou moins insolite qui s'imprimera dans la mémoire de votre interlocuteur et qui lui permettra de vous visualiser lorsque vous le rappelerez, par exemple.

Cobayes wanted

Vous n'utiliserez ces outils efficacement que si vous vous entrainez avec votre entourage plusieurs semaines avant votre entretien. Faites un test : écoutez très attentivement (attitude inclinée, regard concentré...), buvez les paroles d'une personne de votre entourage qui raconte une histoire, un fait quelconque. Puis, progressivement, redressez-vous, détournez furtivement votre regard, prenez un objet entre vos doigts et manipulez-le. Observez le changement d'attitude de votre interlocuteur et vous aurez compris comment vous pouvez être stimulant, sympathique, complice pour votre interlocuteur, qui se sent compris, uniquement par la synchronisation.

LES MOTS QUI VOUS DÉFINISSENT

Entourez les mots qui vous ressemblent ou qui vous paraissent avoir un rapport avec vous.

adaptable
aimable
ambitieux
angoissé
attentif
attentionné
autonome
autoritaire
bavard
bonne écoute des autres
bonne humeur
brouillon
calme
casse cou
communicant
confiant
consciencieux
conservateur
constructif
contrôlé
courageux
débrouillard
dépendant
détendu
diplomate
direct
discret
disponible
drôle
dur
dynamique
efficace
égoïste
émotif
enthousiaste
esprit d'analyse
esprit d'équipe
esprit de synthèse
esprit lent
esprit rapide
exigeant
honnête
idéaliste
imaginatif
impatient
impulsif
incontrôlé
indépendant
innovateur
insouciant
intègre
intuitif
lent
maîtrise personnelle
méthodique
minutieux
mobile
modeste
objectif
opportuniste
optimiste
organisé
ouvert
patient
persévérant
placide
ponctuel
posé
positif
pragmatique
précautionneux
précis
raisonnable
rapide
rapide d'esprit
réaliste
relationnel
réservé
responsable
rêveur
rigoureux
rusé
secret
sens pratique
sociable
soupçonneux
souple
stable
sûr de soi
tenace
tendu
têtu
timide
travailleur
tricheur
volontaire

2. Des questions pour vous entraîner

Les questions sont trop variées pour qu'il soit possible de les imaginer toutes. Cela dit, vous pouvez vous préparer à certaines, qui ont le plus de chance de vous être posées. Celles que nous vous présentons vous permettront de réflechir sur un certain nombre de points qui intéressent le recruteur.

Questions relatives à votre vision de vous-même et de votre environnement actuel ou récent

- Parlez-moi de votre dernier poste (ou stage)
- Comment décririez-vous une de vos journées types ?
- Quelles activités avez-vous le plus appréciées ? Pourquoi ?
- Quels éléments considérez-vous comme essentiels pour bien accomplir ce travail ?
- Quels sont vos points forts pour ce travail ?
- Quelles sont les tâches les plus difficiles pour vous ? Pourquoi ?
- Quels problèmes avez-vous rencontrés dans ce travail ?
- Qu'est-ce qui vous a le plus contrarié ? Pourquoi ?
- Comment vous en êtes-vous accomodé ?
- Ce poste vous a-t-il apporté des satisfactions ?
- En cas de réponse négative, qu'aurait-il fallu pour que vous puissiez travailler avec satisfaction ?
- Quelles remarques faites-vous sur le fonctionnement des entreprises où vous avez travaillé (réglement, organisation interne, hiérarchie, culture d'entreprise, objectifs, management des hommes...) ?
- Quel est le mode de fonctionnnement hiérarchique avec lequel vous vous êtes senti le plus à l'aise jusqu'à présent ?
- Quelle a été, à votre avis, votre contribution la plus importante dans ce poste ?
- Dans quelle mesure pensez-vous que ce poste correspond à vos capacités ?
- Quelles sont celles de vos qualités qui apportent le plus à une entreprise ?
- Quel est pour vous le chef idéal (forte personnalité, copain, autodidacte, quelqu'un qui délègue beaucoup ou qui contrôle...) ?

Questions pour mettre en valeur vos qualités relationnelles

- A votre avis, quels sont vos points forts dans la relation avec les autres ? Sur quoi fondez-vous cette opinion ?
- Selon vous, quels sont vos points faibles (toujours sur le plan de la relation) ? Pourquoi ?
- A votre avis, comment les autres vous voient-ils ?
- De quelle façon votre supérieur vous a-t-il aidé dans vos résultats ?
- De quelles choses vous a-t-on félicité ? Critiqué ?
- De quelle façon avez-vous réagi ?
- Comment définiriez-vous vos collègues ?
- Comment décririez-vous vos relations avec eux ?
- Quels conflits avez-vous eu avec vos collègues ?
- Avec quelle sorte de personnes aimez-vous travailler ?
- Quels sont ceux avec lesquels vous avez le plus de difficultés ?
- Que regrettez-vous de ne pas avoir trouvé chez vos collègues ?
- Que considérez-vous comme essentiel pour diriger les gens ?
- A quelles sortes de commissions de travail avez-vous participé ?
- Qu'y avez-vous apporté ?
- Comment réagissez-vous personnellement lorsque vous recevez un ordre ?
- Quelle est votre définition du mot « communication » ?

Questions pour comprendre vos aspirations

- Qu'est-ce qui vous importe le plus dans un emploi ?
- Que voudriez-vous éviter ?
- Qu'attendez-vous du poste pour lequel vous êtes candidat que vous n'aviez pas dans le précédent ?
- Que vous apporterait ce poste dans la construction de votre projet professionnel ?
- A quel poste espérez-vous parvenir d'ici cinq ans? Dans dix ans ?
- Si vous ne trouvez pas un poste correspondant à vos aspirations du moment, quelles autres orientations explorerez-vous ?

Questions pour favoriser votre auto-évaluation

- Que considérez-vous comme votre point fort ?
- Dans quels domaines souhaiteriez-vous le plus progresser ? Pourquoi ?
- Qu'est-ce qui vous amène à penser que vous pouvez donner satisfation à ce poste ?

• Qu'avez-vous l'impression de pouvoir nous apporter ?
• Quelle formation complémentaire estimez-vous nécessaire pour bien remplir cette fonction ?

Questions pour explorer votre vision vis-à-vis d'un poste d'encadrement

• Dans vos expériences, y-a-t-il des moments où vous auriez aimé être à la place de votre hiérarchie? Dans quelles occasions ? Pourquoi ?
• Vous est-il déjà arrivé de diriger un groupe ou une équipe ?
• Qu'est-ce qui vous a paru difficile ?
• Comment avez-vous le sentiment d'être perçu par les gens du groupe ?
• Quels sentiments en retirez-vous ?
• Comment opérer pour que les gens agissent ?
• Comment donner des ordres ?

Questions pour tester votre curiosité intellectuelle et professionnelle

• Quels sont les trois derniers livres que vous ayez lus ?
• Quels journaux ou revues professionnelles (ou économiques) lisez-vous ?
• Quels sont ceux qui vous paraissent le plus en rapport avec votre spécialité professionnelle ?
• Connaissez-vous les salons professionnels en rapport avec votre branche d'activité et/ou votre spécialité ?
• Les avez-vous déjà visités ?
• Quels sont, d'après-vous, les secteurs d'activité qui pourraient le plus avoir besoin de votre profil ?
• Quelle est votre maîtrise du langage technique de votre spécialité ? Listez les 20 mots les plus courants.

NOTES

NOTES

NOTES

NOTES

NOTES

NOTES

NOTES

NOTES

NOTES

NOTES

34/38, rue Camille-Pelletan - 92309 Levallois-Perret cedex
Imprimerie Brodard & Taupin - 72201 La Flèche
Imprimé en France - 2e trimestre 2004

Responsable d'édition : Elsa Goisnard
Assistante d'édition : Alice Chazerand
Conception graphique : Studyrama

Dépôt légal à parution **ISBN** 2-84472-424-8